Himmler im Tunnel | Helmut Duffner

Helmut Duffner

Himmler im Tunnel

Geschichten aus dem Schwarzwald

Gestaltung	Forstreuter visuelle Kommunikation Minhorstweg 12, 47506 NV-Rayen Tel. 02845/93839, Fax 02845/93840 info@forstreuter-kommunikation.de
Druck	Memminger MedienCentrum Druckerei und Verlags-AG Fraunhoferstraße 19, 87700 Memmingen Tel. 08331/9277-0, Fax 08331/9277-133 info@mm-mediencentrum.de
Umschlag	Forstreuter visuelle Kommunikation
Fotos	Magdalena Duffner, Moers Werner Waßmer, Löffingen Klauf Scherff, Marxzell Stadtarchiv Villingen-Schwenningen Walter Wangler, Erkrath

ISBN 978-3-00-052793-7 | 10,90 €

VORWEG

Nußbach, einer kleiner Ort im mittleren Schwarzwald,
ist Ausgangspunkt einer Reihe von Geschichten
über Ereignisse, die das Leben vieler Menschen
über mehrere Jahrzehnte im 20. Jahrhundert bestimmten.

Der technische Fortschritt eines ganzen Jahrhunderts,
auch in Gestalt der Eisenbahn, zeigte ein Janusgesicht.
Er diente vermehrt einer schlimmen Barbarei.

Viele freundliche Menschen unterstützten den Autor
bei der Beschaffung von Informations- und Bildmaterial.
Allen sei herzlich gedankt.

GESCHICHTENFOLGE

Für Magdalene

Und noch die Erinnerung
muss eingeschwärzt werden mit Druckerschwärze
Und die ewigen Fragen der Jungen,
Die einfach zu jung sind
Um das ganze Elend zu empfinden,
Das sie überstanden haben
Gehören mit dem Holzhammer beantwortet
Den sie gewohnt sind.

VOLKER BRAUN

Vom Nußbachtal zum Galgenberg

In der Mitte eines gemächlich ansteigenden Weges, beginnend im Nußbacher Hintertal bei einer trauten Dorfkirche und endend an einem komfortablen Galgengerüst, hat der Schwarzwälder Holzbildhauer Samuel Kammerer eine Ruhebank aufgestellt. Ihre Rückenfront schmückt ein aufmunternder, in Holz geschnitzter Denkspruch. "Man muss das Leben aus dem Holz schnitzen, das man zur Verfügung hat." Beifällig nickend, der guten eigenen Holzqualität sicher, mag sich dort mancher müde Wanderer zufrieden niederlassen und frohgestimmt auf die schwarzen Wälder blicken. Nicht sichtbar bleibt ihm aber der höhergelegene Galgen in seinem Rücken.

Bis zur Abschaffung der Todesstrafe im Jahre 1786 führte man die auch bei geringfügigsten Vergehen zum Tode

Nußbach im mittleren Schwarzwald

verurteilten Delinquenten durch das Nußbacher Schelmenloch zur Hinrichtungsstätte, wo weder Pferd noch Wagen für die Exekution bereit standen. Die armseligen Menschen wurden gezwungen, die letzten Schritte ihres Lebens auf einer steilen Leiter zurückzulegen.

Ein brauchbares Schneidsortiment für Holz, frühzeitig zur Verfügung gestellt, hätte wahrscheinlich manchem in Not geborenen Dieb den Galgenstrick erspart und ihn ein genügsames Leben schnitzen lassen.

Die "Stuttgarter Zeitung" brachte allerdings im Juli 1962 einen neuen Aspekt in die Galgenhistorie. "Es muss fast eine Lust gewesen sein, am Triberger Galgen zu sterben. 1002 Meter über Meereshöhe gelegen, wozu für die armen Sünder in ihren letzten Minuten noch ein paar Meter kamen, bot der jahrhundertealte Galgenplatz der ehemaligen Herrschaft Triberg einen wundervollen Abschiedsblick auf die Schönheiten der Welt und insbesondere des hohen und des mittleren Schwarzwaldes."

Chronik der Schwarzwaldbahn

Eines der ersten Länder, in der sich die Eisenbahn auf Gleisen fortbewegte, war das handtuchschmale Baden in Deutschlands Südwesten. Der erste, im Jahr 1840 geschaffene Streckenteil von Mannheim nach Heidelberg war Teil eines ehrgeizigen, großen Projektes. Eine 270 Kilometer lange Linie sollte schon bald in das schweizerische Basel führen.

Es vergingen jedoch fast zwanzig Jahre, ehe Basel auf dem Schienenweg an das Großherzoglich Badische Netz angeschlossen werden konnte. Offenburg als Ausgangspunkt für die spätere Schwarzwaldbahn wurde 1844 erreicht. Das Großherzogtum Baden schmückte sich schon früh mit dem Titel "Erste Staatseisenbahn Deutschlands".

Erste Überlegungen zur Schwarzwaldbahn existierten bereits 1844. In einer Bittschrift aus Villingen an die Regierung sah sich das badische Industrieland "in großer Gefahr, durch Württemberg und die Schweiz umgangen zu werden, wenn es nicht auch bald das neue Verkehrsmittel Eisenbahn erhielte." Nostalgie – die guten Geschäfte der Flößer, die über Flüsse transportiert, mächtige Holzstämme nach Holland brachten.

1845 schlossen sich Triberg und Überlingen, 1846 Donaueschingen der Forderung aus Villingen an. Einmütig plädierten die Städte für den Eisenbahnbau durch den Schwarzwald zum Bodensee. Vor allem die Schwarzwälder Uhrenindustrie machte sich lautstark für das Projekt Schwarzwaldbahn stark. Sie stieß zunächst bei der badischen Regierung in Karlsruhe auf taube Ohren. Die "Erste Staatsbahn Deutschlands" schwächelte. Durch weitgehend private Finanzierungen wollte sie die Bahn auf die Schienen bringen. Eine vorzeitige, totale Entgleisung war die Folge. Kein einziges solides Angebot ging in Karlsruhe ein.

ÜBERLEGUNGEN NACH DER REVOLUTION

Enttäuschung, ja Empörung machte sich im mittleren Schwarzwald breit. Jahrelang hatte die Regierung die wirtschaftlichen Vorteile einer Staatseisenbahn propagiert. Jetzt schlug man sich seitwärts in die Büsche.

Die bürgerliche Revolution von 1848 brachte eine Zäsur in die Überlegungen zum Bau der Schwarzwaldbahn. In Baden, wo die reguläre Armee zum Volk übergegangen war, konnten sich die revolutionären Demokraten bis Juli 1849 gegen die dreifache Übermacht der preußischen Interventionsarmee verteidigen. Der Fall von Rastatt im

Robert Gerwig (1820-1885)
Genialer Planer und
Erbauer der
Schwarzwaldbahn

Juli bedeutete das Ende der so hoffnungsvoll begonnenen Revolution. Erst in den Jahren von 1857 bis 1865 entstanden Planungsvarianten zur Linienführung einer Bahnstrecke von Offenburg durch den Schwarzwald in Richtung Bodensee. Drei Bahnlinien wurden ins Auge gefasst: Breg, Schiltach und Sommerau.

Für die Breg- und die Schiltachlinie sprachen ökonomische Faktoren. Beide Strecken wären kostengünstiger als die Sommeraulinie zu realisieren gewesen. Die Breglinie hätte dem Uhrenfabrikationszentrum um Furtwangen große Vorteile gebracht, aber Städte wie Triberg, St. Georgen und Villingen aussen vor gelassen. Der Bau der Schiltachlinie scheiterte, weil der Bahnverlauf auf dem badischen Staatsgebiet bleiben sollte und das württembergische Schramberg eine starke Konkurrenz zur badischen Uhrenindustrie bildete. Man entschied sich also für die Sommeraulinie. Ausgerechnet der junge Leiter der Uhrmacherschule Furtwangen, Robert Gerwig, sollte das Projekt nach vorne bringen. Ein Glücksgriff. Gerwig, der 1875 auch Reichstagsabgeordneter wurde, ist heute ausserhalb von Baden-Württemberg kaum bekannt. Bayerische Ignoranz, preußischer Hochmut? 1860 begann Gerwig damit, die Sommeraulinie zu trassieren. Mit Pferdefuhrwerk oder zu Fuß ging er vor Ort, sprach mit Anliegern, Bürgermeistern, Kollegen und erkundete die geologischen Gegebenheiten. Der Triberger Granit musste durchbrochen werden. Hier wurde Dynamit sinnvoll eingesetzt. Voller Hochachtung sprachen Ingenieure neidlos von Gerwig, der in nur sechs Jahren eine Bahnstrecke mit 36 Tunnelungen zu Ende bringen konnte. Es wurde allerdings in drei Schichten gearbeitet. 80 Prozent aller Arbeiter kamen aus Italien. Auch ihnen ist es zu verdanken, dass eine der schönsten Bahnstrecken Deutschlands 1873 fertiggestellt wurde.

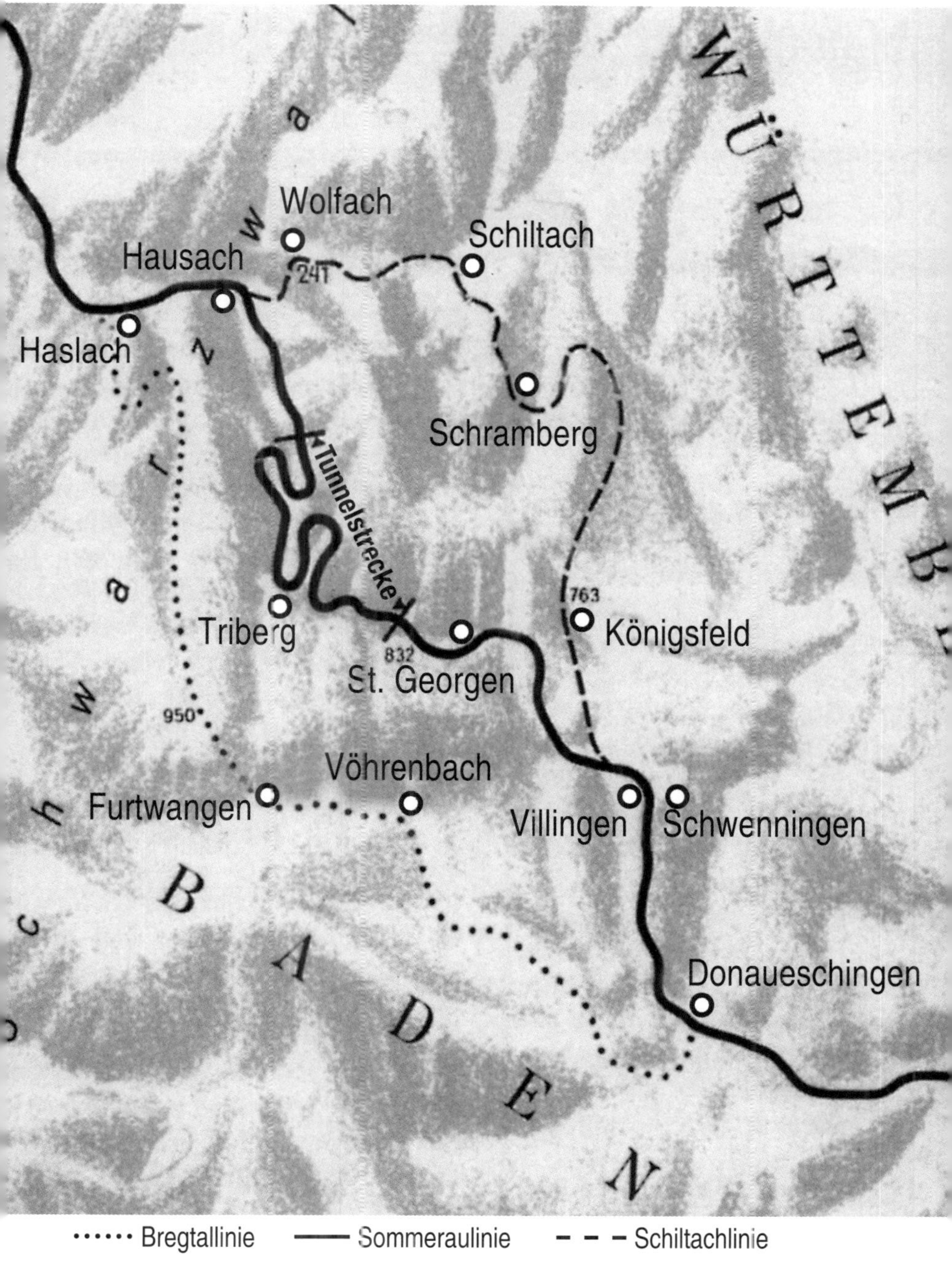
Wolfach
Schiltach
Hausach
241
Haslach
Schramberg
Tunnelstrecke
Triberg
763
Königsfeld
832
St. Georgen
950
Vöhrenbach
Furtwangen
Villingen
Schwenningen
Donaueschingen
BADEN
WÜRTTEMB
Bregtallinie
Sommeraulinie
Schiltachlinie

TUNNELFOLGE HAUSACH NACH SOMMERAU

Glasträger 1	23	Kleiner Triberger	92
Glasträger 2	44	Großer Triberger	835
Glasträger 3	19	Gummambs	339
Niederwasser	559	Seelenwald 1	48
Beim 4. Bauer	313	Seelenwald 2	69
Hohenacker	41	Seelenwald 3	195
Beim 3. Bauer	89	Gremmelsbach	912
Letschenberg	130	Gaisloch	54
Röllerwald	162	Hahnen	328
Eisenberg	792	Grundwald	381
Spärle	80	Krähenloch	224
Obergies	175	Sommerberg	52
Hippensbach	265	Farrenhalde	313
Kurzenberg	324	Steinbis	63
Mühlhalde	64	Tannenwald	167
Losbach	185	Tannenbühl	75
Forellen	64	Schieferhalde	93
Großhalde	327	Sommerau	1.697

Die Tunnelbezeichnungen – ein offener Steinbruch für Namensfetischisten. Welche Dame der schreibenden Zunft wäre nicht glücklich, ihrem andächtig lauschenden Publikum eine "Seelenwald"-Trilogie vorstellen zu können? Wo könnte ein Kriminalautor die Leiche eines Opfers eindrucksvoller plazieren als in einem "Krähenloch" und den gesuchten Mordgesellen durch kriminalistischen Spürsinn auf der "Farrenhalde" zur Strecke zu bringen? Oder umgekehrt. Auch auf pädagogischem Gebiet könnte das korrekte Zitieren der Tunnelfolgen ganze Schulklassen stundenlang beschäftigen und von missliebigen Mathematik-Aufgaben abhalten. Wem fällt bei den Bezeichnungen "Großer Triberger" und "Kleiner Triberger" nicht sofort der berühmtberüchtigte Kräuterschnaps ein?

Robert Gerwigs Idee war es, durch Doppelschleifen die Streckenlänge zwar vergrößern zu müssen, dafür aber schnell an Höhe zu gewinnen. Nach diesem Vorbild wurde später auch die Gotthardbahn in der Schweiz gebaut. Auch für die Höllentalbahn von Freiburg nach Donaueschingen zeichnete Gerwig verantwortlich.

Im Sommer 1906 erreichte die Schwarzwaldbahn eine länderübergreifende Popularität. Komfortabel ausgestattete Züge aus Amsterdam und Odense mit dem Fernziel Konstanz führten betuchten Fahrgästen die besonderen Reize des Schwarzwaldes und des Bodensees vor Augen. Ab Frankfurt fuhr ein Zug regelmäßig über die Schwarzwaldschiene in die Schweiz nach Chur. Der Regionalverkehr erfolgte siebenmal täglich in beide Richtungen. Doch der Erste Weltkrieg machte alle großzügig angelegten Fahrpläne durch Kohle- und Personalmangel zu Makulatur.

Farrenhaldetunnel oberhalb Nußbach

Im Mai 1918 kam es kriegsbedingt zu einem schweren Unglück. 1923 gab der Bürgermeister von Gutach zu Protokoll:

"Am Abend des 24. Mai 1918 um 21.30 Uhr passierte, wie alltäglich um diese Zeit, ein Munitionszug von Ebingen her in Talrichtung die Schwarzwaldbahn von Triberg in Richtung Hausach. Der Zug bestand aus 18 Güterwagen mit 15-cm-Granaten. Zwischen Hornberg und Gutach entzündete sich, wahrscheinlich infolge Warmlaufens einer Achse, ein Wagen in der Mitte des Zuges und der Boden fing an zu brennen. Als das Personal dies gewahrte, ließ es den Zug auf offener Strecke stehen, rettete sich durch eilige Flucht und überließ ihn seinem Schicksal. Tatsächlich explodierten auch schon im nächsten Augenblick die ersten Granaten. Zum Glück wehte ein ziemlich starker Südostwind, so dass sich der Brand nur auf die vordere Hälfte des Zuges ausdehnte. Die Granaten explodierten teils einzeln, teils mehrere zusammen und unter ungeheuren Detonationen wurden die einzelnen Wagenteile nach allen Himmelsrichtungen im Umkreis bis zu 1.000 Meter weit geschleudert. Sogar ganze Granaten flogen in Folge des Luftdruckes über benachbarte Wohnhäuser hinweg. Ein nahestehendes, mit Stroh gedecktes Leibgedingehaus, fing bald Feuer und da niemand hinzueilen konnte, brannte es sofort lichterloh und entzündete einen etwa 100 Meter entfernten großen Bauernhof. Die Explosionen der Munition dauerten bis zum anderen Morgen um 4.30 Uhr. 11 Wagen wurden völlig zerstört. Wie durch ein Wunder kamen keine Menschenleben um. Eine von Villingen her beorderte Kompanie säuberte die furchtbar aussehende Unfallstelle von Trümmern jeder Art, sammelte die umherliegenden Granaten ein und brachte die schadhaft gewordenen an Ort und Stelle zur Explosion." Die Militärzensur verhinderte eine ausführliche Berichterstattung. In der regionalen Zeitung waren nur fünf nichtssagende Zeilen zu lesen.

Vom Nußbachtal zur Sommerauhöhe

Wo aber ist Ruhe? Nur dort,
wo es keine Erinnerung gibt.

MAXIM GORKI

Nußbacher Juristentreffen

Ein knappes Jahr nach dem ersten Weltkrieg, im August 1919, trafen sich drei befreundete Juristen in Nußbach. Gewohnt und Wiedersehen gefeiert wurde in der Villa Fritsch. Aus Hamburg, Hannover und Berlin kommend, besuchten die Nordlichter kurzzeitig den kleinen Ort im mittleren Schwarzwald. "Jakopp" Hans Fritsch kam von der Elbe, "Karlchen" Erich Danehl von der Leine und der dritte Mann, Kurt Tucholsky, zeigte der geliebten Spree den Rücken. Der Berliner stellte sich gelegentlich so vor: "Soweit ich mich erinnere, wurde ich am 9. Januar 1890 als Angestellter der 'Weltbühne' zu Berlin geboren. Meine Vorfahren haben laut 'Miesbacher Anzeiger' auf Bäumen gesessen und in der Nase gebohrt."

Schon früh machte sich Tucholsky in der Presselandschaft über Berlin hinaus einen Namen. Oder deren fünf. Unter den Pseudonymen Peter Panter, Ignaz Wrobel, Theobald Tiger und Kaspar Hauser firmierend, nahm er die gesellschaftlichen Verhältnisse Deutschlands nach dem ersten Weltkrieg genau beobachtend, analysierend, mit Witz angereichert, unter die Lupe. "Wir sind fünf Finger einer Hand", schrieb Tucholsky über seine Gewohnheit, Arbeiten außer mit seinem Namen, auch mit vier Pseudonymen zu zeichnen. Es sei "nützlich, fünfmal vorhanden zu sein – denn wer glaubt in Deutschland einem politischen Schriftsteller Humor? Dem Satiriker Ernst? Dem Verspielten Kenntnis des Strafgesetzbuches, dem Städteschilderer lustige Verse? Humor diskreditiert."

Seine beiden Freunde Hans Fritsch und Erich Danehl, die lebenslang Wichtigsten, lernte Tucholsky als Soldat kennen. Nach seiner Promotion 1915 zum Dr. jur. an der Universität Jena erfolgte im April die Einberufung als Armierungssoldat in das Baltikum. 1916 bei Stellungskämpfen eingesetzt, bekommt er bald den weniger gefährlichen Posten eines Kompanieschreibers. Im Mai 1918 wird Tucholsky zur Zentralpolizeistelle in die rumänische Hauptstadt Bukarest versetzt. Der ehemalige Gerichtsassessor und Friedensrichter Erich Danehl wird dort sein Vorgesetzter. Hans Fritsch lernte er ebenfalls in den letzten Kriegsmonaten kennen. Eine lebenslange Freundschaft verband alle drei Männer.

Kurt Tucholsky in den Zwanzigerjahren

Die "Villa Fritsch" wurde 1890 als einstöckiges Wohnhaus erbaut und 1900 um einen Anbau erweitert. 1901 erwarb der Hamburger Gynäkologe, Professor Heinrich Fritsch, das Anwesen. Der Vater von "Jakopp" Hans Fritsch richtete das Haus als Sommerfrische für seine Familie und für seine Freunde ein. Zahlreiche Akademiker trafen sich, vor allem in den Sommermonaten, in der hoch über der Hauptstraße aufragenden Villa. Auf der anderen Straßenseite, tiefer gelegen, befand sich und befindet sich immer noch die Gaststätte "Zum Frieden".

Als sich die Freunde in Nußbach trafen, hatte Tucholsky über Berlin hinaus schon politisch Furore gemacht. »Wir speien auf das Militär - aber wir lieben die neue, uralte Menschlichkeit." Vor acht Monaten musste Tucholsky die Mordgier hasserfüllter Militärs zur Kenntnis nehmen.

"Es wurden, systematisch, alle irgend erreichbaren Führer der Opposition hingemordet. Was verstanden diese Soldatengehirne nicht alles unter Opposition? Zu dumm und zu faul, etwas anderes als Dienstvorschriften, Jagdhumoresken oder Zoten zu lesen, richten sie ihren Hass gleichmäßig auf Demokraten, Bolschewisten, Dada-Leute, moderne Maler und Nationalökonomen. Unverdächtig war, wer Schmisse auf den Gesichtsbacken und ein Bullenbeißergesicht trug. Ermordet wurden: Karl Liebknecht, Rosa Luxemburg, Kurt Eisner, Leo Jogiches, Gustav Landauer. Die Liste kann beliebig verlängert werden. Dies sind die bekanntesten, die getötet wurden."

Am 19. August schreibt Tucholsky an seine Freundin Mary Gerold: "Das Haus, das sich der verstorbene Vater meines hamburger Freundes – er war ein großer Frauenarzt – hier gebaut hat, ist eine hübsch eingerichtete Villa mit ungefähr zwanzig Zimmern und einem kleinen Nebengebäude – in dem wohnen wir, der Hannoveraner und ich. Es ist alles sehr sauber und nett. Es sind schon sechs Herren hier – man hockt ein bisschen eng (räumlich) aufeinander – aber man ist ganz ungeniert. Es geht ganz solide zu, nur morgen wird wohl zum Geburtstag des Hausherrn etwas getrunken werden."

Am 22. August schreibt er an Mary: "Hierorts ist noch alles so: ein bisschen viel Rummel - und ich werde froh sein, wenn ich erst wohlbehalten und schweigsam an der See sitze. Ich muss einmal ganz in die Stille." Zeit für kleinere literarische Fingerübungen ließ ihm der Aufenthalt doch:

Ich schüttle mir den Seesand aus der Hose
Da rinnt er hin - und draußen tobt Berlin.
Ich spintisiere und lasse lose
Die schöne Zeit an mir vorüberziehen.
Es rauschten freundlich blaue Meereswellen
Der Schwarzwald grüßt. Ein spätes Sonnenlicht
Färbt blutigrot im Wald die moosigen Stellen
Und keine Morgenzeitung las ich nicht.

Mit seinem Gedicht "Klein-Piepeneichen" hatte Tucholsky die Kleinstadt Triberg im Visier, die inzwischen auch das Städtchen Nußbach vereinnahmt hat:

Alles was seit dem November geschehen
Wird im Reich nicht gern gesehen.
Besonders in der kleinen Stadt
Man furchtbar viel zu schimpfen hat.

In der "Weltbühne" publizierte der Autor unter dem Titel "Eindrücke einer Reise" seine Sicht auf Kleinstädte allgemein: "Was zunächst auffällt, ist die gänzliche Unberührtheit des gesamten Mittelstandes von irgendwelchen neuen Gedanken. Diese kleine Umwälzung ist ganz und gar ohne das Bürgertum gemacht worden, ja unter ärgerlicher Ablehnung der mittleren Schichten unseres Volkes."

Von der Landschaft des Schwarzwaldes war Tucholsky angetan. "Es ist ungefähr wie im ‚Kalten Herz' von Hauff, aber nicht ganz so schwer und ernst." Doch der Berliner sehnte sich nach mehr Ruhe. In Nußbach war zuviel Rummel. Vielleicht trug das benachbarte Hotel "Römischer Kaiser" dazu bei, sein Ruhebedürfnis zu stören. Das steinwurfweit entfernte Gasthaus "Zum Frieden" schien auch nicht friedlicher als das Hotel. Die naheliegende Kirche wird ihr Läuten während des Tucholsky-Aufenthaltes auch nicht eingestellt haben. Nach knapp zwei Wochen war der Urlauber wieder in seinem Spree-Athen.

Ende des Jahres 1919 trat Tucholsky erstmals als Redner auf. Der "Friedensbund der Kriegsteilnehmer", dem er seit Oktober angehörte, hatte zu einer Kundgebung geladen. Lauter Beifall und wütende Proteste begleiteten Kurt Tucholskys mitreißende Rede, als er dem unseligen Geist des Offizierscorps den Kampf ansagte.

Am 22. Januar 1930 verlegte Kurt Tucholsky seinen ständigen Wohnsitz nach Schweden. Jahrelange Kämpfe hatten Spuren hinterlassen. Schon Anfang der zwanziger Jahre spielte er immer wieder mit dem Gedanken an Tod und Selbstmord. Der überraschende Tod seines Freundes "Jakopp" Hans Fritsch 1931 war für ihn "der böseste Schlag". Depressive Gefühle. Als Tucholsky am 21. Dezember 1935 in Göteborg starb, deutete alles auf einen Suizid. Das Gerücht, Nazis hätten ihn umgebracht, verstummte nie.

Ein Amerikaner auf Angeltour

Ein Petri-Jünger reiste 1922 von Paris aus zunächst in den Breisgau nach Freiburg und dann mit der Eisenbahn weiter nach Triberg. Die Erlebnisse seiner Zugfahrt schilderte der Weltenbummler und spätere Nobelpreisträger sarkastisch: "Nach einer fünfstündigen Eisenbahnfahrt von Freiburg stiegen wir in Triberg aus. Es war das Ende einer Fahrt, bei der wir zweimal umsteigen und vier Stunden lang im Gang stehen mussten, während dicke und unglückliche Deutsche und ihre dicken und gelockten Frauen sich immer wieder mit was für Absichten auch immer, ständig um Entschuldigung bittend, an uns vorbeidrängelten. Zunächst einmal ist der Schwarzwald durchaus kein schwarzer Wald, wie sein Name vermuten lässt. Er besteht aus einer Bergkette, die von Eisenbahnstrecken, Tälern voller fruchtbarer Kartoffeläcker, Weideland, braunen Schwarzwaldhäusern und kieselförmigen Forellenbächen durchzogen ist. Allenthalben erblickt man riesige Hotels, betrieben von germanisierten Schweizern, die es in der Kunst, aus einem Metzger-Beefsteak vier zu machen, zu wahrer Meisterschaft gebracht haben."

In Triberg angekommen, schrieb sich der Amerikaner Hemingway, Vorname Ernest, mit seiner jungen Frau Hadley zum Übernachtungspreis von umgerechnet 37 Cent in das feine Hotelbuch des Parkhotels Wehrle ein. Hemingway hatte die Absicht, in den Forellenbächen zu angeln und stieß dabei auf ihm unverständliche Widerstände.

"Wenn man im Schwarzwald angeln gehen will, sollte man etwa vier Stunden früher aufstehen, ehe der erste Schwarzwaldhahn sich von einem Bein auf das andere stellt und sich zum Krähen entschließt. Soviel Zeit braucht man mindestens, um vor Einbruch der Dunkelheit das Labyrinth der Vorschriften zu durchdringen und an den Bach zu kommen."

Zweifellos war Hemingway ein Inflationsgewinner. Ohne Frage informierten alle Pariser Zeitungen über die sich entwickelnde Inflation in Deutschland. Im Juli 1922 betrug der Dollarkurs 493 Mark und stieg bis zum Oktober auf 4.000 Mark. Auch der "Toronto Star", dessen Korrespondent Hemingway war, wird ihm einen Tip gegeben haben. Arbeitsurlaub? Ein kurzer Schwarzwaldtrip des 23-Jährigen mit seiner acht Jahre älteren Frau und zwei Freunden bot sich jedenfalls an.

Ein Freund des Hoteliers Wehrle wollte für den Angelspaß ein Gewässer für zwei Dollar Pachtgebühren zur Verfügung stellen. Hemingway verhandelte zu später Stunde hart und war mit einer Zahlung von 1.200 Mark zufrieden. Am nächsten Morgen erfuhr er, dass noch eine polizeiliche Angelerlaubnis einzuholen sei. Er bekam von der zuständigen Stelle eine kräftige Abfuhr:

„Wir betreten ein Büro, in dem einige Amtsschreiber herumsitzen und streng dreinblickende Soldaten sich mit den Knäufen ihrer Degen am Kreuz kratzen. Wir fragen ‚Vere ist der Burgemeister?' Die Amtsschreiber mustern uns und schreiben weiter. Die Soldaten sehen aus dem Fenster auf das große Kriegerdenkmal von 1870/71. Schließlich blickt ein Amtsschreiber auf und zeigt auf eine Innentür. Davor stehen Leute Schlange. Wir stellen uns an das Ende der Schlange und kommen schließlich hinein. Wir sagen ‚Bitte, Herr Burgomeister. We wollen der fischkarten. We wollen to gefischen goen'. Der Bürgermeister sieht uns an und sagt ‚Nix'. Das bleibt der einzig verständliche Teil seines Vortrages und zeigt auf die Türe. Wir gehen, unzählige Male."

Es blieb Hemingway und seinem Freund nichts anderes übrig, als illegal zu angeln. Nach zwei Tagen plagte die amerikanischen Petrijünger doch das Gewissen und sie befolgten den Rat eines Einheimischen, eine Angelgenehmigung in Nußbach zu erwerben. Man begab sich nach Nußbach und fand nach längerem Suchen den damaligen Ortsvorsteher Josef Haas in seiner Gaststätte „Zum Frieden". Den Namen erhielt das Lokal nach dem deutsch-französischen Krieg 1870/71. Der Dorfpfarrer Karl Hettig bestand auf diesen Namen. „Zur Fahne" wurde obsolet.

Im Gasthaus „Zum Frieden" in Nußbach schloß Hemingway mit dem Wirt Josef Haas einen Angler-Friedensvertrag

„Tiefe Verbeugung. ‚We wishen der fischenkarten'. Der Bürgermeister sah mich über seine Stahlbrille hinweg an. ‚We wishen der fischenkarten commeca' sagte ich ganz ruhig und zeigte ihm die gelbe Landkarte, die das Gewässer genau bezeichnete. ‚Ja' sagte er, während er die Karte untersuchte. ‚Das ist gut Wasser'. ‚Can we fishen in it' fragte ich? ‚Ja, ja' antwortete der Nußbacher Bürgermeister. ‚Dann komm Bill' sagte ich. Seitdem angeln wir ständig. Niemand hat uns daran gehindert. Eines Tages werden wir zweifellos verhaftet. Ich werde mich auf den Bürgermeister von Nußbach berufen. Und ich erinnere mich genau, dass er sagte, wir dürfen das ganze gute Wasser leer angeln."

Von einer Verhaftung der amerikanischen Urlauber wurde nichts bekannt. Meist angelte Hemingway mit des jeweiligen Pächters Erlaubnis, aber ohne gültigen, behördlich ausgestellten Angelschein. Das Ehepaar agierte bald im Schwarzwälder Anglermilieu wie die Vorläufer des amerikanischen Gangsterpaares Bonnie and Clyde. Geld für kleine Bestechungen fehlte nicht.

Ein kleine Story: "Wir kamen am oberen Ende des Tales heraus. Ein schöner Forellenbach floss durch das Tal, kein Bauernhof war in Sicht. Ich steckte die Angelrute zusammen und während meine Frau unter einem Baum am Abhang saß und in beide Richtungen des Tals Wache hielt, fing ich vier ordentliche Forellen, jede ungefähr dreiviertel Pfund."

Wenig später tauchten an anderer Stelle anscheinend wutschnaubende Verfolger auf: "Die Bauern im Oberprechtal, wo wir uns richtiggehende Angelscheine besorgt hatten, jagten uns mit Mistgabeln vom Bach weg, weil wir Ausländer waren." So stand es zwölf Monate nach dem ach so schrecklichen Ereignis im "Toronto Star". Der Journalist Hemingway wusste, welche Art von Berichterstattung er seinem Arbeitgeber und dessen Leserschaft schuldig war.

Das Verhältnis zwischen Hemingway und der Schwarzwälder Bevölkerung war tatsächlich nicht ungetrübt. Siegermentalität auf der einen, Inflationsopfer auf der anderen Seite. Lesefutter für den "Toronto Star": "Lieblingssymbol der Schwarzwälder Gastwirte ist das 'Rößle'. Es gibt aber auch eine Menge 'Adler' und 'Sonnen'. Alle dieser Gasthäuser sehen von aussen ordentlich und sauber aus, aber innen sind sie schmutzig, eins wie das andere. Die Bettlaken sind kurz, die Federbetten klumpig, die Matratzen hellrot, das Bier gut, der Wein schlecht."

„Es gab hier eine ordentliche Mahlzeit aus gebratenem Fleisch, Kartoffeln, grünem Salat und Apfelkuchen, vom Wirt selber aufgetragen, der unerschütterlich wie ein Ochse aussah. Seine Frau hatte ein Kamelgesicht, genau die unverwechselbare Kopfbewegung und den Ausdruck äußerster Stupidität, die man nur bei Trampeltieren und süddeutschen Bauersfrauen beobachten kann."

Der junge Hemingway war von einem Stinkstiefel nicht weit entfernt. Der Journalist, der sich für umgerechnet 37 Cent in das Parkhotel Wehrle einmieten konnte, mokierte sich bei einer Übernachtung im "Rößle" über den Stammtisch, der ihn angeblich als ausländischen Ausbeuter verunglimpfte und über ein zu dunkles Zimmer, das erschwerend auch einen Blick auf einen Misthaufen freigab.

Die Hemingways, auf Schwarzwaldtannen ruhend

In einem Brief an seine Familie ist von Tristesse keine Spur: "Hash und ich und Bill Bird von der Consolidated Press und seine Frau sind durch den Schwarzwald gewandert, und wir hatten eine wunderbare Zeit. Da die Mark immer weiter fällt, haben wir jetzt mehr Geld als vor zwei Wochen, als wir losgegangen sind, und wenn wir noch lange genug bleiben werden, könnten wir hier zweifellos umsonst wohnen. Wirtschaftwissenschaft ist doch eine großartige Sache."

Hemingway kehrte nie wieder in den Schwarzwald zurück, verarbeitete aber literarisch Erinnerungen in der Erzählung "Schnee am Kilimandscharo". Er schreibt dort: "Nach dem Krieg pachteten wir einen Forellenbach im Schwarzwald und es gab zwei Wege, die dorthin führten. Einer ging durch das Triberger Tal hinab und schlängelte sich an der Talstraße entlang im Schatten der Bäume, die die weiße Straße einsäumten, und dann eine Seitenstraße hinan, die durch die Hügel hinaufführte, an einer Menge kleiner Anwesen mit großen Schwarzwaldhäusern vorbei, bis jene Straße den Bach überquerte. Hier begann unser Fischwasser. Der Hotelbesitzer in Triberg hatte eine ausgezeichnete Saison. Er war besonders nett, und wir waren alle sehr befreundet. Im nächsten Jahr kam die Inflation, und das Geld, das er im Jahr zuvor verdient hatte, reichte nicht aus, um Lebensmittel für den Beginn der neuen Saison zu kaufen, und er erhängte sich."

Mit Ausbruch des spanischen Bürgerkrieges im Juli 1936 stellte sich Hemingway gegen die "Brut des Generals Franco" und auf die Seite der Republik. Als inzwischen erfolgreicher Autor finanzierte er die Überfahrt amerikanischer Antifaschisten, die in Spanien gegen die Putschisten kämpfen wollten. Für Ambulanzwagen und medizinischem Material stellte er Geldmittel zur Verfügung.

Im Januar 1937 traf er in Madrid die antifaschistischen Schriftsteller Andre Malraux, Pablo Neruda und Antoine de Saint-Exupery. Zusammen mit John Dos Passos gründete er eine Filmgesellschaft. Das Ziel: Dokumentarfilme herzustellen, die der amerikanischen Öffentlichkeit die Bedeutung des Kampfes gegen das Franco-Regime vermitteln sollten. Joris Ivens, ein holländischer Regisseur und Kommunist, drehte den Film "Spanische Erde".

Hemingway an der Front im spanischen Bürgerkrieg

Zwei Flugzeugabstürze überlebend, mit schlimmen Depressionen kämpfend, erschießt sich der Autor großartiger Romane wie dem Spanienroman "Wem die Stunde schlägt", am 2. Juli 1961. Dies geschah dreiunddreißig Jahre, nachdem sein Vater, Präsident der Chicagoer Ärztekammer, sich mit siebenundfünfzig Jahren ebenfalls erschoss. Schon früh schrieb er seinem Vater, der ihn in seiner Berufswahl nicht hinderte, vielleicht sogar unterstützte: "Um wieviel besser ist es, man stirbt in der glücklichen Zeit noch nicht desillusionierter Jugend, man tritt ab im hellen Glanz des Lichts und nicht mit einem verbrauchten alten Körper und zerbrochenen Illusionen."

Das kurze Leben am Farrenhaldetunnel

Der mittlere Schwarzwald kennt den Familiennamen seit langem. Vermutlich war es der Bergbau im 15. Jahrhundert, der den Namen Duffner (Teufe) prägte. Das Uhrmacher-Handwerk trug mit dazu bei, ihn über den Schwarzwald hinaus bekannt zu machen.

Bereits 1770 befasste sich ein Anton Duffner aus Furtwangen mit der Herstellung sogenannter Flötenuhren. 1840 baute der Schildermaler Leodegar Dufner eine Flötenuhr in der gewaltigen Dimension von 112 auf 78 Zentimeter. Mit drei Registern und 82 Pfeifen bot das Musikwerk ein Repertoire von zwölf Melodien, die jeweils nach dem Stundenschlag erklangen. Vierzehn Figuren, ein Tanzpaar und die Musikkapelle, bewegten sich rhythmisch dazu. Dufner illustrierte auf dem ersten von zwei Schildern eine Szene aus Schillers Drama "Wilhelm Tell". Das zweite Schild bildete den Kampf zwischen David und Goliath ab. Die Flötenuhr hatte den Namen "Geßlers Tod". Vierzig Jahre später richteten Damian und Aron Duffner in Furtwangen mehrere Musikwerkstätten ein. Den Flötenspieler aus Sanssouci beiseite lassend: Der Ausspruch "Wir werden dir die Flötentöne schon beibringen", könnte von einem Schwarzwälder Uhrmacher stammen.

Auch in der Politik trat der Name Duffner in Erscheinung. Friedrich Duffner, Mitglied der "Unabhängigen Sozialistischen Partei" versuchte 1919 in Villingen neue Mitstreiter für seine Sache zu gewinnen. "Kämpft und agiert mit aller Macht gegen die Vetterles-Wirtschaft auf dem Rathaus. Vergesst es nicht ihr Frauen, wie man euch behandelt hat während dem Kriege." Den Villingern gebrach es allerdings an dem notwendigen revolutionären Schwung. Die Vetterles-Wirtschaft blieb bestehen.

1899 heirateten Simon Duffner, Landwirt und Karolina, geborene Allgaier, in Nußbach. Ihr Anwesen lag an der Schwarzwaldbahn, unmittelbar neben dem Farrenhalde-Tunnel und nicht weit vom Nußbacher Bahnhof. Simon Duffner war Mitbegründer des Musikvereins Nußbach. Im Jahr 1900 kam Anna, 1902 Eugen, 1905 Karl und 1907 Theresia zur Welt. Sie wurde nur zweieinhalb Jahre alt. Ihre Mutter starb vier Monate später. Als 1912 auch Vater Simon starb, blieben drei Waisen alleine zurück.

Anna wurde dreißig Jahre alt, sie starb in Geisingen. Ihr Leben blieb dem Autor weitgehend unbekannt. Eugen wurde vom Steinbisbauern aufgenommen. Als Hüter des Misthaufens und einer Kuhherde fühlte sich der Junge jedoch dort nicht wohl. Verwandte im Nußbacher Vordertal räumten ihm dann in ihrem Bauernhaus eine Schlafstelle ein und beschäftigten ihn als Hirtenbuben. Nach der Schulzeit arbeitete Eugen bei einem Maurer in St. Georgen.

Als es für ihn dort keine Arbeit mehr gab, wurde er Rottenarbeiter bei der Bahn und später Bahnwärter im Stellwerk Sommerau. Heirat 1937 mit 35 Jahren. Dem Kriegsdienst entging Eugen durch einen kuriosen Vorfall. Er hatte schon den Stellungsbefehl, als eine Eisenbahnerin ihre Lokomotive mit Wucht auf einen Prellbock fahren ließ und anschließend die Flucht ergriff. Ein glückhaftes Missgeschick. Eine nun notwendig gewordene Personalrochade machte die Stelle eines Streckenläufers frei. Eugen wurde mit dieser Aufgabe betraut. Die Position hatte den Rang eines Oberbahnwärters und damit Beamtenstatus. Somit wurde Eugen Duffner, Vater von drei Söhnen, dank einer zu temperamentvollen oder zu unvorsichtigen Eisenbahnerin bei der Bahn unabkömmlich und dem Militär entzogen. Die panikartige, überraschende Flucht der Eisenbahnerin begünstigte Sabotage-Spekulationen.

Karl wurde von einer Familie im "Bühl" aufgenommen. Ein Glücksfall für eine tief verwundete Kinderseele. Die Pflegeeltern bewohnten ein kleines Haus an der Hauptstraße zwischen Nußbach und Sommerau. Mit dem Ende des ersten Weltkrieges endete auch Karls Schulzeit. Eine Lehrstelle stand nicht zur Verfügung. Die Inflation 1922/23 vergrößerte die Not der Bevölkerung. Ein Leben als Wanderarbeiter wurde unausweichlich. Löffingen, Neustadt, Breitnau, Würzburg, Mülhausen im Elsaß und Schwenningen waren die Arbeitsstationen. 1933 fand Karl einen Arbeitsplatz bei den Kienzle Uhrenfabriken. An Weihnachten 1934 heirateten Karl Duffner und Rosa Duffner, geborene Keller, in Schwenningen. Die Eheleute hatten sich in Löffingen kennengelernt.

Auftritt Nußbacher Blechmusiker beim Pfannenflickerclub in Plattenhard. Karl Duffner dritter von links

Der Radfahrverein „Frisch Auf" Nußbach, wurde von den Nationalsozialisten aufgelöst

Bei der Roser-Familie im „Bühl" im Sommer 1936
Links Karl, rechts Rosa Duffner, der Autor in der Mitte

Besuch auf dem Heuberg

Ein Bericht des »Württembergischen Staatsanzeigers« über die Besichtigung des Konzentrationslagers Heuberg durch Vertreter der Stuttgarter Presse am 12. April 1933.

Einer Einladung des Polizeipräsidiums Stuttgart zufolge hatten die Vertreter der Stuttgarter Presse am Dienstag Gelegenheit, das in der letzten Zeit viel genannte und wohl größte Schutzhaftlager Deutschlands auf dem Heuberg bei Stetten am kalten Markt einer eingehenden Besichtigung zu unterziehen. Polizeipräsident Klaiber berichtete:

„Die Inschutzhaftnahme gefährlicher Staatsfeinde war schon lange vorgesehen und die Vorbereitung war so weit gediehen, dass auf ein gewisses Stichwort hin, das bei den einzelnen Oberämtern abgerufen wurde, auf einen Schlag 500 kommunistische Funktionäre verhaftet werden konnten. Erstaunlicherweise habe man auf diese Weise mehr solcher Funktionäre festnehmen können, als man eigentlich erwarten konnte. Für diese Leute war die Unterbringungsmöglichkeit, wie gesagt, schon lange geregelt gewesen. Durch die nationale Revolution habe sich jedoch der Personenkreis der zu Verhaftenden wesentlich erweitert. Es musste Platz für etwa 2.000 Mann besorgt werden. Die Vorbereitung und Durchführung lag in der Hand von Polizeioberst a.D. Reich, der die Unterbringung in ganz kurzer Zeit geregelt hat. Bei den Inhaftierten handelt es sich um Leute, die teils in aktive, teils in passive Schutzhaft genommen werden mussten. Die einzelnen Fälle werden genau nachgeprüft und bei einer größeren Anzahl von Schutzhäftlingen sind bereits wieder Entlassungen vorgenommen worden. Mit einer gewissen ‚Stammkundschaft' werde man jedoch noch längere Zeit zu rechnen haben."

Fröhliche Schwarzwaldwanderung

In einer Schatulle seiner Mutter fand Walter Wangler in den Achtzigerjahren harmlos scheinende Fotos, die vermutlich im Sommer 1934 aufgenommen wurden. Auf der Rückseite eines Bildes stand der kurze Vermerk: „Fröhliche Schwarzwaldwanderung“. Das Bild vermittelt durchaus den Eindruck einer frohgestimmten Wandergruppe. Die neun Köpfe zählende Gruppe kam allerdings auf nicht alltägliche Weise zusammen. 1933 lernte Wanglers Vater Oskar im Konzentrationslager Heuberg den achtzehnjährigen Fritz Brütsch aus Stuttgart kennen. Nachdem beide aus dem Konzentrationslager wieder entlassen wurden, bildete Brütsch zusammen mit dem etwas jüngeren Franz Franz und anderen eine eher schwärmerisch-jugendbewegte denn durch Parteidisziplin zusammengehaltene Widerstandsgruppe gegen den Terror der Nationalsozialisten.

Die kleine Schar verteilte illegale Flugblätter, malte Parolen auf Straßen und Wände, hielt „Schulungskurse" ab und pflegte auch Kontakte nach Schwenningen in die rote Arbeiterstadt. 1934 trafen sich die jungen Genossen aus Stuttgart mit den etwas älteren Genossen aus der Uhrenstadt zu einer Schwarzwaldwanderung. Fröhlich wandern und politisch diskutieren bilden nicht unbedingt einen Gegensatz. Besonders dann nicht, wenn man noch lebensfroh jung ist und den Schwarzwaldboden unter den Füßen hat.

1935 flog die Stuttgarter Widerstandsgruppe auf. Einige Flugblattaktionen, gemalte Parolen und gelegentliche Diskussionen über Marx, Luxemburg und Makarenko genügten, um die jungen Leute für lange Zeit hinter Gitter zu bringen. Wegen „Vorbereitung zum Hochverrat" bekam der zwanzigjährige Fritz Brütsch vier Jahre und vier Monate Zuchthaus. Franz Franz blieb, weil er noch keine achtzehn Jahre alt war, das Zuchthaus erspart. Er erhielt eine Gefängnisstrafe von vier Jahren und sechs Monaten.

Während des Prozesses musste Oskar Wangler als Zeuge vor dem Oberlandesgericht Stuttgart erscheinen, hielt aber „dicht". Sonst wäre für die Angeklagten ein höheres Strafmaß herausgekommen. Als Fritz Brütsch in kurzen Hosen in das Zuchthaus Ludwigsburg eingeliefert wurde, meinte der Wachtmeister erstaunt „Jetzt kommen schon die Konfirmanden ins Zuchthaus und auch noch gefesselt. Der sieht gar nicht aus wie ein Verbrecher."

Der „Konfirmand", immerhin fast zwei Meter groß, musste die volle Zuchthausstrafe absitzen. Danach kam er nicht frei, sondern in das Konzentrationslager Welzheim. Von dort ging es übergangslos in das Ausbildungslager für das berüchtigte Strafbataillon 999. Es lag auf dem Gelände des Konzentrationslagers Heuberg.

Mit dem Strafbataillon 999, in dem die bislang „Wehrunwürdigen", vorwiegend „Politische", nun plötzlich ebenfalls dem Vaterland dienen mussten, kam Fritz Brütsch nach Afrika. Obwohl Soldaten generell ihren Angehörigen nicht mitteilen durften, an welchem „Frontabschnitt" sie sich gerade befanden, schaffte es Fritz mit einer Postkarte, Wanglers Mutter zwar nicht seinen genauen Aufenthaltsort, aber wenigstens den Kontinent mitzuteilen, auf dem er kämpfen musste. Die Vorderseite der Karte zeigte eine Moschee in Tunis. Das Bataillon wurde in vorderster Front eingesetzt. Brütsch bekam Malaria, eine Krankheit, die ihn von da an begleiten sollte und im Verein mit den Haftfolgen seinen frühen Tod 1953 bewirkte.

Von links: Wilhelm Schlenker, Franz Franz, Fritz Brütsch, genannt „Fritzle". Ganz rechts Oskar Wangler

Brennende Synagogen

Am 7. November 1938 schoss der siebzehnjährige deutsch-jüdische Flüchtling Herschel Grynszpan in Paris das Mitglied der deutschen Botschaft, Ernst vom Rath, nieder. Der Vater des jungen Mannes wurde kurz vorher mit 10.000 anderen Juden in Güterwagen nach Polen abgeschoben. Die Tat bildete den Vorwand für einen inszenierten „spontanen Volkszorn", der, mit deutscher Gründlichkeit organisiert, ganz Deutschland durchzog. In der Nacht vom 9. zum 10. November vollzog sich das Pogrom der „Reichskristallnacht."

Auch in Freiburg, Breisach, Eichstetten und Ihringen wurden die Synagogen niedergebrannt. Die Feuerwehr blieb überall untätig und beschränkte sich darauf, umliegende Häuser vor dem Flammenmeer zu schützen. Der Bericht eines Zeitzeugen schildert den Ablauf der Freiburger Synagogen-Zerstörung: „In den frühen Morgenstunden des 9. November 1938 sprengten SA- und SS-Leute die Freiburger Synagoge. Der Rabbiner wurde aus dem Bett geholt und musste die Vernichtung seines Gotteshauses mitansehen. Über hundert Freiburger Juden wurden nach Dachau abtransportiert. Prof. Dr. Ernst Beck und der Apotheker Julius Friedberg kamen im KZ Dachau um. Dr. Scheuermann, der damalige Rabbiner, erhielt die Auflage, innerhalb von 30 Tagen Deutschland zu verlassen und rettete sich nach den USA. Die jüdische Gemeinde musste für den Abbruch der Synagogenruine aufkommen."

Die Freiburger Universität, im Jahr 1457 gegründet und nach Heidelberg die älteste Alma Mater in Deutschland, entließ bis 1935 38 jüdische Hochschullehrer. Das waren neunzehn Prozent der gesamten Dozentenschaft. Die meisten Assistenten verloren schon 1933 ihre Stellen.

Die Freiburger Synagoge vor der Zerstörung

Am 22. Oktober 1940 begann mit der Deportation der Freiburger Juden nach Gurs die „Endlösung", die physische Vernichtung jüdischer Menschen. Die Austreibungsverfügung war das Werk des Gauleiters Wagner. Die Deportation bedeutete neben dem Verlust an Heimat und Freiheit auch die systematische Ausplünderung der jüdischen Bevölkerung, die staatlich organisierte Bereicherung des Dritten Reiches. Wörtlich heisst es in der Verfügung:

„Das Vermögen der Juden, die am 22. Oktober 1940 ausgewiesen werden sollen, bei denen jedoch die Ausweisung infolge Todesfalls am 22. Oktober 1940 oder später nicht durchgeführt werden konnte, wird ebenfalls beschlagnahmt und ist wie das Vermögen der ausgewiesenen und weggebrachten Juden zu behandeln."

Im Jahr 1942 meldete der Gauleiter Robert Wagner Vollzug in die Reichshauptstadt Berlin. „Baden ist judenfrei."

„Skifahren im Schwarzwald“

Unter obigem Tarntitel wurde 1938 in Deutschland eine illegale Flugschrift verbreitet. Der Aufruf an die deutschen Frauen kam von der spanischen Freiheitskämpferin und Kommunistin Dolores Ibarruri, genannt Pasionaria.

Deutsche Frauen! Unsere Schwestern!

Seit anderthalb Jahren blutet unser Spanien in einem Krieg, der sehr schmerzensreich ist wie alle Kriege. Aber dieser ist es um so mehr, weil er von einer Gruppe ihr Vaterland verratender Spanier hervorgerufen wurde, die sich mit den Henkern des deutschen und italienischen Volkes verbündet haben. Wir wissen, dass in Deutschland Kriegsmaterial jeder Art fabriziert wird, um es gegen unser Volk zu senden, und wir wissen auch von den heroischen Taten vieler deutscher Arbeiter, die ihren Protest gegen das große Verbrechen, das an unserem Volk begangen wird, durch Sabotageakte zeigen, indem sie Waffen, die nach Spanien geschickt werden, unbrauchbar machen. Die Frauen Spaniens grüßen voller Dankbarkeit ihre Brüder, die in Deutschland nicht vergessen, dass die Sache Spaniens die gemeinsame Sache der gesamten fortschrittlichen Menschheit ist. Wir lieben unsere Söhne sehr, und wie wir die unseren lieben, lieben wir auch Eure, die unter dem faschistischen Terror leiden. Helft uns, sie zu retten! Sagt ihnen, dass das republikanische Spanien sie mit Liebe aufnehmen wird. Sagt ihnen, dass unsere Soldaten ihre Brüder sind und dass wir nach Beendigung unseres Krieges mit ihnen zusammen für ein Leben der Freiheit, der Kultur und des Friedens kämpfen werden.

Salúd, Schwestern Deutschlands!
Brüderlich umarmt Euch Dolores Ibárruri (Pasionaria)

Frühkindliche Impressionen

Belohnung nach einer etwa drei Kilometer langen Wanderung „is Zollhisle“: Ein großer Becher frischer Milch, von einem freundlichen Bauern überreicht. Das Zollhaus zwischen Schwenningen und Villingen bildete die ehemalige Landesgrenze zwischen Württemberg und Baden.

Frühes Kunsterlebnis. Ein sangesfreudiger Onkel, von mir auch als Fußballspieler bewundert, brachte das Lied „O Boschdiljo vo Looschimo“ zu Gehör. Für Leser außerhalb des alemannischen oder schwäbischen Sprachraumes: Arie aus „Der Postillion von Lonjumeau“, eine komische Oper in drei Akten von Adolphe Charles Adam.

Auf Vaters Fahrrad von Schwenningen nach Nußbach. Vor Vater sitzend, geht die Fahrt über Villingen, Königsfeld, Peterzell und St. Georgen zur Sommerau. Bei angenehmer Kühle, jedoch unter strahlender Morgensonne, stürzen wir uns in flotter Kurvenfahrt, den Fahrtwind genießend, durch das Nußbachtal dem „Brühl“, Vaters Heimat entgegen. Geborgenheit und Glücksgefühl – der Natur im morgendlichen Schwarzwald ganz nahe.

Am Wochenende Fahrt mit der Bahn in Mutters Heimat Löffingen. Bei den Großeltern im Maienländer Tor waren nur zwei Schlafplätze vorhanden. Vater und ich wurden in einem Gartenhäuschen der „Ritterbäckin“ untergebracht. In dem villenähnlichen Wohnhaus der Gastgeberin sorgte meine Großmutter regelmäßig für die Wäschereinigung. Nach einer bitterkalten Nacht weckte uns die Bäckersfrau frühmorgens fröhlich lärmend mit dem Zustimmung heischenden, triumphierenden Ausruf „Gell, der hettenes wieder emol gseit!“ Der Hitler am Samstagabend im Radio.

Ein Metzgergeselle mit blutiger Schürze drohte, mich in einen Kübel mit Tierresten zu packen. Höllenangst und prägende Einsicht: Nicht alle Arbeiter im fleischverarbeitenden Gewerbe sind pädagogisch vorgebildete Kinderversteher. Die Metzgerei in der Arndtstraße wurde lange Zeit in einem großen Bogen umgangen.

Einladung der Nazis zu einer gemeinsam zu löffelnden Erbsensuppe in die Schwenninger Bürk-Turnhalle. Auf dem Weg dorthin überfielen zwei blondgezopfte Mädchen mit scheppernden Sammelbüchsen meine Eltern. Eher unwillig entrichtete das „Familienoberhaupt" seinen Obolus. Dietlinde und ich freuten uns über den wunderbaren Kitsch, den die BDM-Mädchen uns anhefteten.

„Siebe Kommuniste, hocket ide Kiste" skandierte ein kleiner Trupp frischgebackener Hitlerjungen lautstark auf der Straße. Wer oder was sind Kommunisten? Warum hocken sie in einer Kiste?

1. September 1939. Eine unüberhörbare Radiostimme am Sonntagmargen. Hitlers Stimme. „Ab 4.45 Uhr wird zurückgeschossen." Krieg gegen Polen. Wir starten eine Radtour nach Weigheim zu einem Arbeitskollegen meines Vaters. Ein herrlicher Herbsttag. Nach zwei Kilometer Fahrt wird das feine Surren eines Fahrradpulks hörbar. Von hinten nähert sich ein riesiges Feld von Radrennfahrern mit Rückennummern auf buntfarbenen Trikots. Vor der Mühlhausener Bahnunterführung rauscht der Pulk in hohem Tempo an uns vorbei. Ein wunderbar dynamisches Bild.

Meterlange Eiszapfen am Capitol-Lichtspielhaus bedrohen Passanten und Besucher des Kinos. In ungefähr zehn Meter Höhe, auf dem Flachdach stehend, schlug Vater mit einem Pickel riesige Eiszapfen ab. Vater war schwindelfrei.

Nachwuchs für Hitlers Jugend

Mit neugierigen Ohren täglich am Radio, begeisterten mich im „Capitol"-Kino Filme wie „Junge Adler" mit Dietmar Schönherr und dem 15-jährigen Hardy Krüger, „Spähtrupp Hallgarten" mit Rene Deltgen und Rudolf Prack und „Quax der Bruchpilot" mit Heinz Rühmann. „Krambambuli" mit Rudolf Prack als Wilderer und Sepp Rist als Jäger, sowie einem Hundemischling, der sich zwischen Pflicht und Neigung entscheiden musste, rührte zu Tränen. Mit sechs Jahren bewegte ich mich in Richtung kleiner Nazi.

Ein gewaltiger Reichsadler, oszillierende Lichtstrahlen und martialische Lizst-Klänge leiteten „Die Deutsche Wochenschau" ein. Die „Wochenschau" war fester Bestandteil jeder Filmvorführung und nahm zeitlich einen breiten Raum ein. Nach Beginn des Krieges folgte in triumphierender Sprache Siegesmeldung auf Siegesmeldung.

U-Boot-Kapitän Günther Prien versenkte in dem „uneinnehmbaren" Hafen Scapa Flow mit seinem Unterseeboot das englische Schlachtschiff Royal Ork. Als erstem Kriegshelden der U-Boot-Waffe verlieh ihm Adolf Hitler das Ritterkreuz. Auf den Orkus des Meeres schickten deutsche Unterseeboote tausende und abertausende Bruttoregistertonnen feindlicher Schiffe. Menschliche Opfer schienen nicht erwähnenswert. Im Radio wurde der 100. Luftsieg von Werner Mölders als erstem Jagdpiloten der Geschichte verkündet. Die Wochenschau zelebrierte, wie der Führer ihm die Brillianten zum Ritterkreuz mit Eichenlaub und Schwertern um den Hals drapierte. Die Barbarei, als große Oper inszeniert. Unter dem Decknamen „Barbarossa" stießen deutsche Truppen im Juni 1941 anscheinend unaufhaltsam in Richtung Leningrad, Moskau und Kiew vor. Über eine Million sowjetischer

Soldaten gerieten in Gefangenschaft. Deutsche Generäle glaubten, die Sowjetunion in kurzer Zeit in die Knie zu zwingen. Der „Wüstenfuchs" Rommel versetzte den Engländern bei Tobruk einen herben Schlag. Ein deutscher Sieg schien nur noch eine Frage der Zeit. Ich kann mich an keine einzige Zeitungs-Schlagzeile während des ganzen Krieges erinnern, habe jedoch die Radiomeldung „Beiderseits der Rollbahn von Smolensk stoßen unsere Truppen unaufhaltsam in Richtung Moskau vor" noch im Gedächtnis. Im Osten setzte jedoch plötzlich und tückischerweise der russische Winter ein. Es fehlte Winterbekleidung und Ausrüstung. Das Winterhilfswerk fing an zu sammeln und kassierte dabei auch des abwesenden Vaters komplette Skiausrüstung. Sie sollte mithelfen, den Endsieg zu beschleunigen.

Die Sicht des älter werdenden Jungen wurde nüchterner. Eine wichtige Erkenntnis: Auch deutsche Helden sind sterblich. Der Ritterkreuzträger Prien und seine Besatzung kam im März 41 von einem Einsatz mit ihrem U-47 nicht mehr zurück. Ernst Udet, Jagdflieger im 1. Weltkrieg und populärer Kunstflieger, Generalluftzeugmeister der Luftwaffe, nahm sich nach einem Streit mit Göring im November 41 das Leben. Werner Mölders sollte mit weiteren hochdekorierten Fliegerassen die Ehrenwache in der Reichshauptstadt halten. Auf dem Flug nach Berlin prallte Mölders Flugzeug in Breslau gegen einen Fabrikschornstein. Mölders und die Besatzung fanden dabei den Tod.

Nach Stalingrad aufkeimende Skepsis bei Erfolgsnachrichten der Wehrmacht. Der Radiokommentator Hans Fritzsche hatte seinen Zuhörern zu oft das baldige Kriegsende vorgegaukelt. Die Kriegspropaganda kam ins Stottern. Täglich vermehrten sich die standardisierten Todesanzeigen in den Zeitungen.

Der Lehrer und Volksgenosse Wirth

Von 1941 bis zum Jahresende 1944 führte mein Schulweg in die Gartenschule. Ein missverständlicher Schulname. Zum „Kasernenplatz“ wäre der angemessenere Name gewesen. Dies gilt vor allem für die triste Örtlichkeit, einschränkend auch für das Lehrerpersonal. Aus milder Sicht hätte man für die Schule auch den Namen „Steingarten“ wählen können. Im Schulhof schien die Farbe Grün einem Verbot zum Opfer gefallen zu sein. Ein teerschwarzes, stinkendes Pissoir, eine Reihe nie bezwungener und daher gehasster Kletterstangen und ambivalent auch der Lehrer Wirth, ein überzeugter, agierender Nationalsozialist, blieben aus den ersten Schuljahren in meinem Gedächtnis.

Christian Friedrich Wirth war von mittelgroßer Statur, ungefähr 50 Jahre alt, Pykniker, graue Haare in Bürstenform geschnitten. Beinverlust im 1. Weltkrieg? Im zweiten Schuljahr führte Wirth ausserhalb der normalen Schulstunden einen „Weltanschauungsunterricht“ ein. Die meisten Schüler nahmen an ihm teil. Auch ich war dabei, meine Schulkameraden Alfred Kieferle und Leonhard Kling nicht. Zu diesem Zeitpunkt kühlte unser kameradschaftliches Verhältnis ab. Vielleicht lag es aber auch an meinem mangelnden Interesse für ihre aus meiner Sicht albernen Bierausfahrspiele in der Nähe der Bären-Brauerei. Im Stil von Marcel Marceau fuhren sie, pantomimisch lenkend und schaltend, durch imitierende Motorgeräusche ergänzt, Bierfässer und Eisstangen zu imaginären Kunden. Der wahre Grund des Zerwürfnisses dürfte jedoch meine Bereitschaft zum Nazi-Unterricht gewesen sein. Sowohl Alfred als auch Leonhard kamen aus katholisch praktizierenden Elternhäusern. Antifaschismus im Kleinen? Auch meine Mutter sah das NS-Regime kritisch. Sie hielt mich jedoch nicht vom Unterricht ab.

In den gleichförmigen Schulalltag kam überraschend Abwechslung. Unser Lehrer stellte seinen Sohn der Klasse vor. Größer als sein Vater, trat er in graublauer Fliegeruniform durch die Türe. Eine imposante Erscheinung. Eine Stunde lang hörte die Klasse begeistert den durch Handbewegungen anschaulich unterstützten Ausführungen des Fliegeroffiziers zu. Die linke Hand inszenierte den Absturz von Feindmaschinen, während die rechte Hand triumphierend die überlegene Angriffsart eines Messerschmitt- oder Junkers-Jagdflugzeuges demonstrierte.

Eines Tages schlich ich mich mit Fieber in die Schule. Unkonzentriert folgte ich dem Unterricht, machte Fehler. Einem Anpfiff des Lehrers folgte ein mäßiger Stoß mit der Gehhilfe auf meine Rippen. Am folgenden Tag blieb ich im Bett. Diphtherieverdacht. Plötzlich stand Wirth vor unserer Wohnungstüre und entschuldigte sein Verhalten vom Vortag. Trotz seiner Gehbehinderung lief er den weiten Weg von der Gartenschule zur Arndtstraße. Weshalb nahm er diese Strapaze auf sich? Sah er in mir einen kleinen Volksgenossen, den es zu fördern galt? Wollte Wirth über eventuell unsere Wohnung schmückende Hitler-Devotionalien auf die Gesinnung unserer Familie schließen? In den letzten Apriltagen 1944 geschah Unerwartetes. Mit Tränen in den Augen betrat Wirth verspätet das Klassenzimmer und sagte den Unterricht ab. Sohn Fritz starb „für Führer, Volk und Vaterland." Der vor ein paar Monaten so siegesgewiss auftretende Fritz starb in Rumänien den „Heldentod." Er wurde keine zweiundzwanzig Jahre alt.

Ich habe mich nach dem Krieg manchmal gefragt, ob der Lehrer meiner ersten Schuljahre im Laufe der Zeit zu der schmerzlichen Einsicht gekommen war, dass er seinen einzigen Sohn an keine gute Sache verlor. Christian Friedrich Wirth schoss sich 1949 mit 56 Jahren eine Kugel in den Kopf.

Essensvorrat für drei Tage

Auf dem Pharus-Stadtplan für Berlin, erschienen 1902, ist entlang der Levetzowstraße im Bezirk Moabit kein Davidstern eingezeichnet, kein Symbol für ein jüdisches Gotteshaus. Mehr als hundert Jahre später führt eine Ansicht des aktuellen Stadtatlasses an der gleichen Stelle zum gleichen Ergebnis. Eine getilgte Erinnerung? Der Jahrhundertfluch vom Vergessen?

In einem Beitrag für die Wochenzeitung „Freitag" beschreibt Lutz Herden den Beginn der Juden-Deportationen in Berlin im Oktober 1941. Eine Synagoge wird von der Gestapo als Sammelstelle missbraucht. Der erste Berliner „Osttransport" führt ins Ghetto von Lodz.

„Als die Jüdische Gemeinde von Großberlin auf Weisung der Gestapo erste Deportationsbescheide verschickt, werden die Menschen in die Levetzow-Straße 7/8 beordert. Neben dem Jüdischen Altersheim in der Großen Hamburger und dem Jüdischen Krankenhaus in der Iranischen Straße wird das Gotteshaus Sammelpunkt für „Osttransporte" aus der Reichshauptstadt. Im Herbst 1941 führen sie zunächst in die Ghettos von Lodz oder in das Arbeitslager Trawniki bei Lublin.

Erstmals müssen sich am Morgen des 18. Oktober 1941 1.089 jüdische Kinder, Frauen und Männer vor der Synagoge zum Abmarsch aufstellen. Sie hatten eine letzte Nacht in einer stillen, oft schon geräumten Wohnung hinter sich, einen letzten Koffer gepackt und sich gefragt: Was soll man mitnehmen, wenn nur 20 Kilo Gepäck erlaubt sind und Mundvorrat für drei Tage, wie es im Bescheid der Gemeinde hieß? In der Synagoge wird es für die nächsten Tage dünne Papiermatratzen und ein paar Decken ge-

Gedenkstätte Güterbahnhof Grunewald, Gleis 17

ben, keinen Waschraum, ein paar Eimer für die Notdurft. Nach dem 18. Oktober wurden die jüdischen Bürger Berlins noch an 62 Tagen in die Vernichtungslager geschickt. Die Deportationen beginnen in Berlin drei Monate vor dem 20. Januar 1942, als in einer Villa am Großen Wannsee „Generalinstanzen des Reiches" offiziell beschließen, was längst beschlossen ist – die „Endlösung der Judenfrage in Europa". An der Wannsee-Konferenz beteiligt sind das Reichsinnenministerium, das Justizministerium, das Auswärtige Amt, die Reichskanzlei, die Parteikanzlei, das Rasse- und Siedlungshauptamt, das Reichssicherheitshauptamt, das Generalgouvernement (Polen), dazu SS- und SD-Führer der Einsatzgruppen im Osten. Im Protokoll des gut eine Stunde dauernden Treffens „mit anschließendem Frühstück“, wie die Einladung ankündigt, ist nachzulesen, wie viele Menschen man „sonderbehandeln“ will: Insgesamt über elf Millionen Juden in den von Nazideutschland besetzten Gebieten und von ihm abhängigen Ländern.

Anfangs werden in Berlin die zum Abtransport Befohlenen auf Lastwagen zum Bahnhof Grunewald gebracht, wo sie am Gleis 17 in Güter- oder Personenwaggons steigen müssen. Ab Februar 1942 wird der Güterbahnhof Putlitzbrücke im Norden Berlins zum bevorzugten Deportationsort. Wenn es dorthin geht, treiben Polizei und SS Hunderte oder Tausende zu Fuß von der Levetzowstraße quer durch Moabit am Kleinen Tiergarten vorbei, die Rathenower Straße hinauf.“

In einem Geheimpapier des stellvertretenden Generaldirektors der Deutschen Reichsbahn vom 28. Juli 1942 an die SS heißt es: „Seit dem 22.7. fährt täglich ein Zug mit je 5.000 Juden von Warschau über Malkinia nach Treblinka, außerdem zweimal wöchentlich ein Zug mit 5000 Juden von Przemysl nach Belzek. Gedob steht in ständiger Fühlung mit dem Sicherheitsdienst in Krakau.“

Vaters bekam seinen Stellungsbefehl Mitte 1942. Im Alter von 37 Jahren wurde er in Baden-Oos ausgebildet und in das 4. Transport-Sicherungs-Bataillon 518 in Kutno eingegliedert. Kutno befindet sich 150 Kilometer westlich von Warschau und 300 Kilometer nördlich von Auschwitz. Während des Krieges eine Topographie des Grauens. Vaters Briefe trafen regelmäßig aus den Städten Litzmannstadt, Lublin, Krakau und Breslau ein. Die letzte Karte kam aus Breslau. Abgestempelt am 19.1.1945 auf einem Sechser-Hitler-Briefmarkenkopf.

Der Kohlenklau droht!

Mit einer Milchkanne bewaffnet, führte mein täglicher Weg, etwa 350 Meter weit, zu einem kleinen Milchhäuschen in der Adolf-Hitler-Straße. Zur freundlichen Frau Lauinger. Auf diesem Weg, an der Ecke zur Arndtstraße, befand sich die Metzgerei Ziegler. An deren weißer, gefliester Aussenfront sah ich erstmals in Plakatform sein Portrait: Der „Kohlenklau". Später folgte ein weiteres Propaganda-Plakat gegen plappermäulige Volksgenossen, die angeblich der Spionage Vorschub leisten würden. Titel „Pst! Feind hört mit!" Es war jedoch bei weitem nicht so eindrucksvoll und nachvollziehbar wie das Kohlenklau-Plakat. Mit oder nach den Plakataktionen starteten die Zeitungen große Werbekampagnen, die einzelne Missetaten des gefährlichen Schnauzbartes auflisteten.

DA IST ER WIEDER!

Sein Magen knurrt, sein Sack ist leer,
und gierig schnüffelt er umher.
An Ofen, Herd, an Hahn und Topf,
an Fenster, Tür und Schalterknopf
holt er mit List, was ihr versaut.
Die Rüstung ist damit beklaut,
die auch Dein bisschen nötig hat,
das er jetzt sucht in Land und Stadt.

Fasst ihn!
In Zeitungen steht mehr über ihn!

Bei Nacht und hellem Tag

Das Haus Arndtstraße 29 beherbergte über einem Bäckereibetrieb drei Mietparteien. Auf der ersten Etage wohnte eine Witwe. Ihr Mann hatte seinen Urnenplatz auf einem Bufett. Unsere Wohnung lag ebenfalls im ersten Stock und verfügte über zwei Schlafzimmer und eine Wohnküche. Die zweite Etage bewohnte ein kinderloses Ehepaar. Der Mann, Arbeiter und begeisterter Sänger, dem Komponisten Anton Bruckner zugetan, warf mir bei jeder Begegnung die Frage „Wa isch du Schlangefanger?" an den Kopf. Ich hatte nie eine befriedigende Antwort parat. Trotzdem – eine gute Nachbarschaft.

Mit beängstigendem Sirenengeheul dem Schlaf entrissen, trafen sich bei Fliegeralarm alle Nachbarn auf dem Flur in der Hausmitte. „Hindenburglichter" illuminierten die nach aussen perfekt abgedunkelte Szenerie. „Die trauen sich nur bei Nacht" waren die sprachlichen Mutmacher, wenn das Dröhnen der näherkommenden Bomberstaffeln immer lauter wurde. „Wir haben es ihnen doch vorgemacht", war Mutters Kommentar. Sie vertraute den Nachbarn. Denunzieren war deren Sache nicht. Ebbten die Fluggeräusche ab, folgte oft die bange Frage „Wo werden die wieder abladen?" Das Pforzheimer Flammeninferno war auch in der Uhrenstadt am Neckar zu sehen.

Ab 1944 heulten die Sirenen in immer kürzeren Abständen. Durchschnittlich alle fünf Tage registrierte uns der Luftschutzwart. Schnelles Reagieren auf das Sirenensignal erforderte eine gute Organisation. Die wichtigsten Utensilien standen immer griffbereit an gleicher Stelle. Jeder wusste, was er mitzubringen hatte. Flink wie Windhunde, rannten wir in den schützenden Keller. Mit uns frustrierte Volksgenossen aus der weiteren Nachbarschaft.

Ein Schlüsselerlebnis war das Auftauchen amerikanischer Bomberschwärme an einem frühen Nachmittag. Nach Schulschluss verzögerte ich meinen Weg nach Hause. Voralarm. Mein Angstpegel war an diesem Sonnentag extrem niedrig. Voralarm, du kannst mich mal! Kurz vor unserer Wohnung kam der Vollalarm. Anstatt schnurstracks in die Unterwelt zu rennen, brachte ich meine Schulsachen in die Wohnung. Mutter, Dietlinde und Rosi waren im Keller auf der anderen Straßenseite. Das unheilvolle Dröhnen der sich nähernden Bomber schwoll immer mehr an. Aus dem Küchenfenster sah ich sie, in breiter Front Kondensstreifen nach sich ziehend, einen strahlend blauen Himmel durchpflügen. Teuflische Faszination – eine endlose Reihe silbergrauer Flugmaschinen. Unbeirrt steuerten sie ihrem Ziel entgegen, Tod und Verderben hinter sich lassend.

Als die amerikanische Armada den Himmel freigab, lief ich in Richtung Luftschutzkeller und prompt einer SA-Uniform in Gestalt von Emil Beck in die Arme. Das konnte unangenehm werden. Speck beließ es bei einer strengen Ermahnung meiner Mutter.

Die „Fliegende Festung", eine tägliche Bedrohung

KZ-Häftling begegnet einem Schwaben

Der polnische Journalist Alexander Donat, inhaftiert im Konzentrationslager Natzweiler, berichtete nach seiner Befreiung über den Einsatz von Häftlingen auf einer Baustelle der IG Farben in Vaihingen/Enz:

„Als wir zum erstenmal zur Arbeit ausmarschierten, wichen uns die wenigen Leute in den Straßen aus. Vor unserer Ankunft hatte man den Bürgern von Vaihingen gesagt, ein Transport mit Kriminellen sei unterwegs, und man solle vorsichtig sein. Die Häftlinge des Konzentrationslagers Natzweiler waren Polen, Russen, Ukrainer und Franzosen.

In Vaihingen wurde für die IG Farbenindustrie eine unterirdische Fabrik für Explosivstoffe in einem aufgegebenen Steinbruch gebaut. Was früher ein steiles Zutagetreten von Felsen gewesen sein mochte, war in den Jahren des Steinbrechens ausgehöhlt worden, und das gigantische Loch sollte die Fabrik aufnehmen, die auf diese Weise einen natürlichen Schutz gegen die alliierten Luftangriffe haben würde.

Die Arbeit vollzog sich auf verschiedenen Ebenen. Auf der obersten waren Eisenbahngleise, Zementvorräte, Verschalungsteile und andere Baumaterialien, Werkzeugschuppen und Materiallager. Ganz unten im Steinbruch wurde im Fels gebohrt und fundamentiert. Es gab einen Tunnel, der zur unteren Ebene hinabführte, aber auf dem Rückweg mußte man eine breite, einige Stockwerke hohe Treppenfolge hinaufklettern. Der Weg führte über Zwischenstufen mit einer Vielzahl kleiner Lokomotiven, Pritschenwagen und Kränen, mit denen man den Schutt wegschaffen konnte und gleichzeitig Stahlträger hochzog.

Ich arbeitete auf allen Ebenen des Steinbruches und lernte alle Arbeiten kennen. Ich trug Zementsäcke unter den Peitschenhieben der SS-Leute, ich steuerte die kleinen Lokomotiven und Pritschenwagen, ich zerkleinerte Felsen mit dem Pressluftbohrer. Und ich arbeitete in Tag- und Nachtschichten. Ich war jetzt ein »Altgedienter«, widerstandsfähig gegen Schmerz und Kälte, gewöhnt an Schläge, Beschimpfungen und Schwerarbeit, unempfindlich gegen Unglück und Leid. Alles was ich bewahrt hatte, war die Neugier des Zeitungsmannes, den Wunsch, alles zu sehen und herauszubekommen, diese danteske Welt, aus der menschliche Gefühle ausgeschlossen waren, meinem Gedächtnis einzuprägen.

Eines Tages, als ich allein im Steinbruch schippte, kam ein deutscher Zivilist auf mich zu, hielt an und blieb mit deutlichem Abstand vor mir stehen. Plötzlich, in der unnatürlichen Stille, begann er die ersten Zeilen der Internationale zu flüstern: 'Wacht auf, Verdammte dieser Erde, die stets man noch zum Hungern zwingt'. Ich war von dem Lied der internationalen Solidarität in dieser Grube des Hasses so getroffen, dass ich den zweiten Vers flüsterte 'Das Recht wie Glut im Kraterherde nun mit Macht zum Durchbruch dringt'. Als ich endete, flüsterte er den dritten Vers 'Reinen Tisch macht mit den Bedrängern! Heer der Sklaven wache auf!'. Und so setzte sich unser geflüstertes Zwiegespräch fort, bis die Hymne zu Ende war. Als er bei seinem Weg nach draußen an mir vorbeikam, lächelte er und flüsterte: 'Kopf hoch. Wir sind nicht alle wie die. Wir werden dir helfen'. Er sagte noch etwas, aber es war in schwäbischem Dialekt, und ich konnte ihn nicht verstehen."

Sag mir, wer einst die Uhren erfund,
Die Zeitabteilung, Minute und Stund?
Das war ein frierend trauriger Mann,
Er saß in der Winternacht und sann,
Und zählte der Mäuschen heimliches Quicken
Und des Holzwurms ebenmäßiges Picken.

HEINRICH HEINE

Eine Uhrenstadt in tödlichem Visier

Amerikanern der 390. Bomberflotte war schon lange bekannt, dass die Schwenninger Ingenieure und Uhrmacher nicht mit Schnitzarbeiten für die Herstellung von Kuckucksuhren beschäftigt wurden. Zünder für Bomben und Artilleriegeschosse bestimmten einen fürchterlichen Produktionstrend. Die Stadt am Neckarursprung stand auf einem todbringenden Terminkalender. Bereits am 23. April 1944 machte ein amerikanisches Aufklärungsflugzeug Fotoaufnahmen von der „größten Uhrenstadt der Welt." Acht große Zielobjekte nahm es ins Visier. Darunter die großen Firmen Kienzle, Mauthe, Junghans. 25 Produktionsstätten wurden als Bombenziele markiert. Fast alle Firmen lagen inmitten von Wohngebieten. Kienzle lag nur einen Steinwurf von unserer Wohnung in der Arndtstraße entfernt. Die 300 Meter lange, zum Bahnhofsbereich abfallende Straße spiegelte wie viele Straßen in Schwenningen die schnelle industrielle Entwicklung der Stadt Ende des neunzehnten, Anfang des zwanzigsten Jahrhunderts wider. Die Arndtstraße bildete ein gesellschaftliches und architektonisches Sammelsurium mit durchaus positiven Aspekten. Arbeiter, Handwerker und Fabrikanten wohnten nah zusammen. Prächtige Villen standen neben schlichten Arbeiterhäuschen. Mehrere Industriebetriebe boten Arbeitsmöglichkeiten. Zwei Metzgereien, ein Friseur, ein Lebensmittelgeschäft und eine Bäckerei hatten fußnahe Kundschaft. Eine Kirche nahm sich in der benachbarten Schillerstraße bei der kriegsbedingt steigenden Nachfrage der Gläubigen an. Nur die Gaststätte „Hecht" spendete während des Krieges keinen Trost. Sie war geschlossen.

Schwenningen war im Gegensatz zu Villingen eine Arbeiterstadt. Wenn ihre Kommunisten in Villingen auf dem Münsterplatz ihre Demonstrationen veranstalteten, kamen

Ängste auf. Ein Villinger Bürger: „Und dann sen vor allem die Schwenninger Kommunischte in Villinga ufmarschiert uf de Münschterplatz. Die Villinger hens mit de Angscht zu dua kriagt. Mit Pauke ond Trompete sen dia komma. Do be ich uffm Falke oba droba gschtande, mer hem gseh, wo se hermarschiert send. Des waret Soze und Kommunischte."

Zur Arndtstraße zurück. Von der Villinger Straße abzweigend, führte sie über die Adolf-Hitler-Straße und die Karlstraße zur Bismarckstraße. Diese lag an der Bahnstrecke Rottweil-Villingen. An der Bismarckstraße stand das imposante Fabrikgebäude der 1868 von den Gebrüdern Jauch gegründeten Zündholzfabrik. In den Zwanzigerjahren wurde die Zündholzfabrik dem Imperium des Schweden lvar Kreuger einverleibt, der einen Platz in der „Hall of fame", der größten Wirtschaftsgenies erhielt. Nach den Börseneinbrüchen an der Wall Street zerbrach das Zündholzmonopol des Schweden. Plötzlich nicht mehr kreditfähig, von seinen Gläubigern verfolgt, wurde er zu einem der größten Betrüger der damaligen Finanzgeschichte. 1932 fand man seine Leiche in einem Pariser Hotel, erschossen. Selbstmord oder Auftragsmord – bis heute ist es ungeklärt.

Mit Kriegsbeginn fertigte die Uhrenfabrik Emil Speck, seit langem in der Arndtstraße ansässig, Zünder statt Uhren. Auch die großen Uhrenfabriken arbeiteten nur noch für die Rüstung. Die Firma Speck lag direkt neben der Bäckerei, in deren erstem Stockwerk wir wohnten. In Specks Verwaltungsgebäude befand sich der uns zugewiesene Luftschutzkeller. Ein trister Ort in vielen bangen Stunden.

Neben den einheimischen Arbeitskräften mussten auch über 1.900 als Zwangsarbeiter registrierte Männer und Frauen in die Rüstungsproduktion. Die meisten von ihnen wurden aus der Sowjetunion oder aus Polen verschleppt.

„Feindsender" BBC in der Nacht

Keine geringen Ängste im vorletzten Kriegsjahr durch das verbotene Abhören eines Feindsenders. Ich überraschte meine Mutter zu nachtschlafender Zeit zufällig beim Abhören des englischen Senders BBC. Es war ihr mit Sicherheit unangenehm, mich als Mitwisser ihrer verbotenen Handlung zu haben. Meine Angst vor einer Entdeckung war riesengroß. Eine Gefängnisstrafe war noch das Mindeste. Konzentrationslager möglich.

Meine angstmachende Vision: Während eines nächtlichen Fliegeralarms könnte Emil Speck, Mitglied einer SA-Reiterstaffel, zusammen mit dem Luftschutzwart, unter dem Vorwand mangelhafter Fensterverdunkelung unsere Wohnung betreten.

Wie leicht konnte in der auftretenden Hektik eines Fliegeralarms die Radioskala auf dem verhängnisvollen Sender stehen bleiben. Neben BBC stand auch das Abhören von Radio Beromünster aus der Schweiz und Radio Hilversum unter strenger Strafe. Die Lautstärke der Sendung dämpfte Mutter durch eine Decke über Kopf und Radio. Eine verbleibende Decke auf dem Gerät wäre ein starkes Indiz für das verbotene Abhören von Feindsendern gewesen. Die größte Gefahr ging jedoch von der leichtsinnigen Weitergabe einer Nachricht aus, die nur von BBC, Beromünster oder Hilversum stammen konnte. Eine Rückverfolgung auf den Urheber der entsprechenden Nachricht wäre für die Gestapo eine leichte Übung gewesen. Meine Mutter hat mir die illegal empfangenen Nachrichten nie mitgeteilt. Sie muss aber meine Angst gespürt haben und beendete das gefährliche Abhören der deutschsprachigen BBC-Sendungen. Jedenfalls versprach sie es mir. Ob sie ihr Versprechen gehalten hat, weiss ich nicht.

„Es sprach Hans Fritzsche“

Viele Monate begleitete mich die markante Stimme von Hans Fritzsche, Rundfunk-Chefkommentator aus Goebbels Propagandaministerium. Für einen acht, neun Jahre alten Jungen verkündete Fritzsche zunächst glaubhafte Botschaften. Doch mit Beginn des Jahres 1944 stellten sich verstärkt Zweifel ein. Ein Satz von Georg Christoph Lichtenberg, den ich natürlich damals noch nicht kannte, beschreibt treffend meine veränderte Empfindlichkeit: „Zweifel muss nichts weiter sein als Wachsamkeit, sonst kann er gefährlich werden .“

„Eine ganz kleine Clique“, die schnarrende Stimme Hitlers in der Nacht nach dem Attentat blieb in meinem Gedächtnis haften. Schockartige Feststellung: Deutsche Offiziere wollten Hitler töten. Was waren ihre Gründe? Nährten militärische oder politische Zweifel ihre Tat?

Eine kurze Mitteilung im Oktober: Zwei Hitlerjungen verteidigten heldenhaft Aachen gegen die anrückenden Amerikaner. Also waren diese, für mich überraschend, schon auf deutsches Gebiet vorgedrungen. Selbst Hitlerjungen mussten die Stadt verteidigen. Wo blieb das Heer?

Im Schaukasten eines Nachbarn, des Fotografen und Parteigenossen Semmelroth, entdeckte ich im November einen bestürzenden Bericht, einen Zeitungsausschnitt, der mich durch und durch konsternierte. In Köln-Ehrenfeld wurden dreizehn meist junge Leute ohne Gerichtsurteil öffentlich hingerichtet. Sie nannten sich Edelweißpiraten. Der jüngste von ihnen war gerade 16 Jahre alt. Alle wurden als „Staatsfeinde“ aufgehängt. Eine diffuse Angst machte sich bei mir breit und blieb monatelang.

Mein Feindbild schwächte sich immer mehr ab. Zugeteiltes Heizmaterial spaltete ein Russe. Der im gesamten Stadtbezirk bekannte Wilhelm Vögele stellte uns seine kombinierte Fahr-, Säge- und Spaltmaschine nicht zur Verfügung. Ein Rätsel, wieso ein kriegsgefangener Russe unser Holz spalten durfte. Genehmigte SA-Mann Emil Speck die Holzhackerei? Auf dem Hof und nach der Arbeit illegal in unserer Wohnung, versorgten wir den Russen so gut wir konnten mit Essen. Sympathie entstand auf beiden Seiten.

Allabendlich passierte eine große Kolonne russischer Zwangsarbeiterinnen die Arndtstraße auf ihrem Weg in das Lager Dickenhardt. Das Klappern ihrer Holzschuhe verlieh der Gruppe einen beachtlichen Aufmerksamkeitswert. Klang das helle Stimmengewirr nicht munterer als in den vergangenen Monaten?

Fritzsche wurde im Nürnberger Prozess gegen die Hauptkriegsverbrecher freigesprochen. Im Entnazifizierungsverfahren 1947 bekannte er: „Ich bin von Verbrechern vom Schlage eines Hitlers oder Goebbels getäuscht worden. Ich bin geistig genau so missbraucht worden, wie viele andere körperlich." Eine erstaunliche Aussage von jemandem, der seit 1933 in der Partei und Leiter des Presse-Nachrichtenwesens in Goebbels Propagandaministerium war.

Tod in einer „Fliegenden Festung“

Mit der erreichten Lufthoheit über dem deutschen Gebiet operierten die Alliierten arbeitsteilig. Die Bombardierung von Industrieanlagen, Flugplätzen und Städten durch die Royal Air Force erfolgte in den Nachtstunden. Der Einsatz ihrer „fliegenden Festungen“ machte es den Amerikanern möglich, Angriffe mit einer großen Anzahl von Maschinen auch bei Tage durchzuführen.

Aus nächster Nähe wurden Bewohner der Schwarzwaldgemeinden Dittishausen, Bräunlingen und Löffingen erstmals am 28. März 1944 mit dem tobenden Luftkrieg konfrontiert, als eine „Fliegende Festung“ in Dittishausen abstürzte. An Bord der B-17 befanden sich zehn amerikanische Besatzungsmitglieder. Die Maschine gehörte zu einem Pulk von zwanzig schweren Bombern, die ihre fünffache 10-Zentnerlast auf den Flugplatz Landsberg/Lech abwarfen und auf dem Rückflug in westlicher Richtung waren. Durch heftigen Flakbeschuss in Landsberg und durch deutsche Abfangjäger wurde die Maschine so schwer getroffen, dass zwei der vier Motoren ausfielen. Nachdem auch noch ein Flügel abbrach, gab der Pilot den Befehl zum Absprung. Doch die hintere Ausstiegsluke klemmte. Drei Crewmitglieder kamen nicht mehr aus der Maschine und wurden beim Aufprall getötet. Eine Leiche konnte zunächst nicht identifiziert werden. Erst nach dem Krieg wurde dies möglich. Jerry Peck, der Funker, starb blutjung bei seinem ersten Fronteinsatz. In einer Ecke des Dittishausener Friedhofs fanden die amerikanischen Bomberpiloten eine vorläufige Ruhestätte. Auf den Holzkreuzen stand „Haase“, „Seal“ und „Unbekannt“.

Zeitzeugenbericht Paul Hasenfratz

Es war Samstag, ein heller, wolkenloser Wintertag. Gegen 15 Uhr sah ich ein großes, tief fliegendes Flugzeug auf Dittishausen zukommen. Maschinengewehrsalven hämmerten laut. Zwei deutsche Messerschmitt-Jäger griffen den Bomber von oben im Sturzflug und von unten senkrecht aufsteigend an. Der Bomber zog eine Rauchfahne hinter sich her. Ein Motor brannte. Zwei Besatzungsmitglieder sprangen mit dem Fallschirm ab. Als ein Flügel wegen des brennenden Motors abbrach, folgte ein weiterer Mann mit einem Fallschirm. Wie ein schwerer Klotz stürzte das Flugzeug ab. In der Nähe der Absturzstelle beschäftigte Holzfäller aus Unadingen brachten die beiden verletzten Bomberpiloten aus der Gefahrenzone. Mir wurde verboten, die Absturzstelle aufzusuchen.

Ich erfuhr jedoch am nächsten Tag, dass vier Mann der Bomberbesatzung bereits in der Nähe von Bruggen und Waldhausen absprangen. Drei Männer wurden tot im Rumpf der abgeschossenen Maschine geborgen. Die beiden verletzten Fallschirmspringer wurden auf Holzabfuhrschlitten mit einem Ochsen zum Rathaus transportiert, wohin auch der unverletzt gebliebene Pilot zu Fuß gebracht wurde. Dort erfolgte das Verhör. Ich schlich mich heimlich ins Rathaus. Bevor ich in hohem Bogen rausgeschmissen wurde, konnte ich Zeuge einer lautstarken Auseinandersetzung werden. Der Nazi-Kreisleiter forderte die Erschießung der drei Amerikaner. Mein Vater sollte in seiner Funktion als Polizist beim Polizeiposten Neustadt die drei Gefangenen zur Kapelle am Waldrand bringen. Dem widersetzte sich mit Erfolg der Löffinger Arzt Ott mit Verweis auf die Genfer Konvention. Er rettete damit das Leben der drei Amerikaner. Meinem Vater ersparte er einen Gewissenskonflikt und vermutlich eine Gefängnisstrafe nach dem Kriege. Die drei Getöteten sollten auf höhere Anordnung hin im Wald "verscharrt" werden. Dies ließ jedoch der damalige Bürgermeister Wilhelm Binker nicht zu. Obwohl dieser drei Särge bestellt hatte, durften die Toten auf Befehl des Kreisleiters nicht darin bestattet werden.

Menetekel Weihnachten 1944

Für den Abend vor dem ersten Weihnachtstag fehlt mir jede Erinnerung. Eine große Bescherung wird es nicht gegeben haben. In Ermangelung eines Tannenbaumes kam der ohnehin spärliche Bestand an Kugeln, Kerzen und Lametta jedenfalls nicht zum Einsatz. Vor gefühlten Jahrzehnten, also vor ein, zwei Jahren, hatte unser Vater ein wunderschönes Spielzeug aus Polen mitgebracht. Er hatte es, wie er sagte, von ganz armen Menschen gekauft. Nicht an Weihnachten, sondern im Sommer oder Herbst. Auf einer runden Holzplatte standen sechs holzgeschnitzte Hühner im Kreis. Mit einer Fadenmechanik verbunden, pickten sie bei einer rotierenden Brettbewegung nacheinander imaginäre Körnchen auf. Auch an eine kleine, sich ringelnde Holzschlange kann ich mich erinnern. Bevorzugtes Spielzeug 1943 und 1944 waren allerdings deutsche und überraschenderweise auch englische Modelle von Kampfflugzeugen. Wie ein Schnittmusterbogen angelegt, konnten einzelne Flugzeugteile zu einer kompletten Maschine aus Pappe zusammengeklebt werden. Die deutsche Ju war keinesfalls schöner als die englische Spitfire. Im Spiel der zwei Hände wurde jedoch immer die englische Maschine abgeschossen. Ein etwas älterer Hitlerjunge von nebenan demonstrierte uns oft die Überlegenheit der deutschen Ju und des heldenhaften deutschen Flugzeugpiloten. Materiell zerstört wurde die englische Maschine nie. Dazu war der Montagesatz zu teuer. Wir jedenfalls konnten uns weder den deutschen noch den englischen Schnittmusterbogen leisten. So die Aussage unserer Mutter.

Am ersten Weihnachstag fielen Bomben auf das Bahngelände im Bereich der ehemaligen Zündholzfabrik. Die Flammen der getroffenen Lagerhallen waren weithin sichtbar. Ein Lagerarbeiter fand den Tod.

Wahrscheinlich eine Kombination aus Langeweile und Neugier trieb mich die Arndtstraße hinunter. An der Zündholzvilla bog ich nach rechts in den Bereich der ehemaligen gleichnamigen Fabrik. Die Reue für meinen Ausflug kam schnell. Vielleicht zweihundert Meter entfernt, stieß ein amerikanisches Flugzeug bedrohlich nach unten. In niedriger Höhe flog es über die Eisenbahnbrücke in Richtung Bahnhof. Wenn man kein Held ist, rennt man erst einmal los. Die Angst ist jedoch hilfreich. Plötzlich klappen die Beine weg und man liegt im Schnee. Ist die Bombe schon ausgelöst? Schützende Mauern waren nicht vorhanden. Nach zwei, drei Sekunden innerliche Entwarnung. Der befürchtete Bombenabwurf blieb aus. Offensichtlich ein Aufklärungsflugzeug, das sich von der Wirksamkeit der zuvor erfolgten Bombardierung ein genaues Bild machen wollte.

Wenige Tage später pflügte ein Bombenteppich dort, wo ich mit verschränkten Armen über dem Kopf im Schnee lag, die Erde um und tötete 26 Arbeiter. Zwei Wochen später gab mir ein kriegserfahrener Veteran folgenden Tip: Bei anfliegenden Flugzeugen nicht wegrennen, sondern ihnen immer entgegenlaufen. Das hätte ich mir doch selbst denken können. Aber in der Schule wurde sowas nicht gelehrt.

Ein Bombenteppich als Neujahrsgruß

Ein vieltausendfach lautes Klacken von Stempeluhren markierte am 2. Januar 1945, kurz vor sieben Uhr, den Beginn der ersten Arbeitsschicht in der Industrielandschaft Schwenningens. Wie von einem riesigen Staubsauger angezogen, strömten 16.000 Arbeiterinnen und Arbeiter in die auf Rüstungsproduktion getrimmten Uhrenfabriken. Murmelnd ausgetauschte, flüchtige Neujahrswünsche belebten nur leise die Straßen der lichtlosen, abgedunkelten Stadt. Die Bahn transportierte entsprechend ihrer unübersehbaren Propagandaplakate „Räder müssen rollen für

den Sieg“, tausende Arbeitskräfte aus vielen umliegenden Städten und Dörfern in die Neckarstadt. Russische und polnische Zwangsarbeiter wurden streng bewacht und in Kolonnenform zu ihren Arbeitsplätzen geführt. Das erworbene Wissen und berufliche Können schwäbischer Ingenieure, Uhrmacher, Mechaniker und Monteure diente seit Jahren nicht mehr der Herstellung von Zeitmessern, sondern der Fertigung todbringender Geräte.

Der zweite Januar entwickelte sich zu einem milden Wintertag. Wolkenlos wölbte sich ein blauer Himmel über der Baar zwischen Schwarzwald und Schwäbischer Alb. Die

Sonne mühte sich, eine dünne Schneedecke aufzutauen. Auch der „Kohlenklau“ konnte eine kleine Auszeit nehmen. Eine amerikanische Bomberflotte bestückte ihre Maschinen mit ihrer todbringenden Last. Ideales Flugwetter begünstigte deren Arbeit.

Ein schulfreier Tag. Den Weihnachtsschreck hatte ich offensichtlich abgeschüttelt. Nach dem Mittagessen hoffte ich auf der Straße meinen Freund Roland Ziegler zu treffen. Er wohnte zwei Häuser entfernt auf unserer Straßenseite. Fehlanzeige – von Roland keine Spur. Auch sonst war niemand auf der Arndtstraße anzutreffen. Zwei Möglichkeiten, eine Clique zu treffen, gab es noch. Die erste bei Hans Stirnweiß. Hans war zwei Jahre älter als ich. Er wohnte in einem Bauernhaus neben der Pfauenvilla in der Adolf-Hitler-Straße. Sobald vier, fünf oder sechs Kicker zusammen waren, spielten wir im Hinterhof des Hauses Fußball.

Die zweite Kontaktchance hatte ich bei meinen Schulkameraden Alfred Kieferle und Leonhard Kling. Ihr Treffpunkt war der Platz zwischen dem Verwaltungsgebäude der Bären-Brauerei und dem Brauereiausschank „Bären“. Beide anvisierten Ziele waren in einer Minute zu erreichen. Bei Hans wurde ich fündig. Schnell organisierten sechs Nachwuchstalente mit roten Ohren ein munteres Fußballspiel.

Mit neun, zehn oder elf Jahren funktioniert das Gehör noch einwandfrei. Selbst ältere Menschen, der Taubheit nahe, konnten dem schrillen, ängstigen Sirenengeheul der letzten Kriegsjahre nicht entfliehen. Tausendfach in den Fabriken angebrachte Plakate mit dem Schlagwort „Fliegeralarm!“ bestimmen dort die Verhaltensregeln: „Ruhig weiterarbeiten! Auf Ordner hören!“ Für jugendliche Fußballspieler gab es keinen entsprechend hilfreichen Hinweis. Ruhig weiterspielen? Ein Ordner fehlte ohnehin.

Bleibt die Frage: Wie war es möglich, dass die heulenden Sirenen des Voralarms von dem kompletten Sechserteam nicht wahrgenommen wurden? Arglose Gewöhnung oder dumme Sorglosigkeit? Jedenfalls ließ uns erst das Dröhnen der anfliegenden Bomberstaffel und das fast gleichzeitige Krachen der einschlagenden Bomben rennend, stolpernd, stürzend einen dunklen Kellerraum erreichen. Der Schrecken hatte alle erfasst. Nach einer Ewigkeit von zwanzig bis dreissig Sekunden plötzliche Stille. Über die Straße rief jemand: „In der Arndtstraße hat es eingeschlagen!" Zittern an allen Gliedern. Endlich Entwarnung. Ich rannte keuchend los. Bereits an der Ecke sah ich den Trümmerberg auf der rechten Straßenseite. Ein Volltreffer. Das Haus von Fluck-Weckerle, ein wirrer Haufen aus Holz und Steinen. Dann die Erleichterung. Meine Mutter stand unverletzt, umringt von geschockten Nachbarn, auf der Straße. Aber ein paar Meter weiter lagen Menschen unter den Trümmern. Mutter und ich standen uns stumm gegenüber, ratlos in lähmendem Schockzustand. Was passierte in der letzten Stunde? Dietlinde befand sich bei der Schneiderei Maihofer im getroffenen Haus. Frau Maihofer nähte für ihre Nichte in Saarbrücken ein Kleid. Meine Schwester diente ihr als Modell. Als Dietlinde das Haus verließ, hörte sie bereits das Heulen der Bomben. Der Luftdruck riss sie auf den Boden. Sich aufrappelnd, der tödlichen Bombe entronnen, traf sie Mutter mit der zwei Jahre alten Rosemarie. Es dämmerte bereits, als wir Koffer packten. Aus unserem verwüsteten Schlafzimmer sah ich durch glaslose, zertrümmerte Fensterrahmen die Bergung der beiden Enkel von Frau Fluck-Weckerle, Iris und Jürgen Haller. Sie hatten ihrer Großmutter ein gutes Neues Jahr gewünscht. In Decken gehüllt, wurden die beiden Kinderleichen weggetragen. Iris und Jürgen Haller waren dreieinhalb und neun Jahre alt. Es war bereits dunkel, als wir uns bei der Schwester meiner Mutter in der Sturmbühlstraße einquartierten.

Zeitzeugenbericht Dr. Walter Wangler

Der 2. Januar 1945 war ein wunderbarer Wintertag. Strahlend blauer Himmel, es war kalt, es lag Schnee. Deshalb wollte ich, acht Jahre alt und tatendurstig, nach dem Mittagessen unbedingt Ski fahren. Meine Mutter und ich wohnten in der Reutestraße 2. Mein Vater war im Krieg. Für den Wintersport war unsere Wohnung ideal gelegen. Zum Schlittenfahren bot sich die nur einige Meter entfernte Hafnerstraße an. Man sauste von ganz oben, am Haus des Bildhauers Felix Schlenker vorbei, bis hinunter zum Metzger Lang. Ski fuhr man entweder am Hasenbuckel oder an der Reute.

Meine Mutter war beim Kochen, als ich ihr meinen Skifahrwunsch unterbreitete. Sie war ein „Elfewiib", das heißt, sie arbeitete zwar ganztägig beim Schlenker-Grusen, aber vormittags nur bis 11 Uhr, um das Mittagessen zubereiten zu können. „Du weißt, dass du noch deine Schuhe zum Schuhmacher Bredehorn in die Zündholzstraße bringen musst", sagte leicht vorwurfsvoll meine Mutter. Sie pflegte immer noch den alten Namen der Straße zu nennen, in der sie und auch ich geboren wurden. Seit geraumer Zeit hieß die Straße Gneisenaustraße. Hier wohnten meine Großeltern, zweihundert Meter von dem Schuhmacher entfernt.

Bredehorn war ein freundlicher älterer Mann. In seiner Werkstatt roch es interessant nach frischem Leder. Den größten Teil der Kindheit verbrachte ich bei meinen Großeltern. Deren Umfeld war mir so ans Herz gewachsen, dass ich mich zunächst im Neckarstadtteil nicht sehr wohlfühlte. Doch weder neue Kameraden noch kaputte Schuhe interessierten mich am 2. Januar. Ich wollte unbedingt Ski fahren. Nicht am popeligen Hasenbuckel, sondern am wesentlich „anspruchsvolleren" Hang an der Reute. Ich bettelte so lange, bis meine Mutter nachgab, nicht ohne mir das Versprechen abzunehmen, die Schuhe unbedingt am nächsten Tag zum Schuhmacher Bredehorn zu bringen.

Über den Knieschnapper gelangte ich auf den Panoramaweg, an dessen Ende sich der Reutehang befand. Er war relativ kurz. Die Abfahrt begann mit einem Bauchgrimmen verursachenden Steilstück von etwa zwei Metern und endete auf der Reutestraße bei der Firma Hakenjos. Ich fuhr zweimal recht und schlecht den Hang herunter – die Begeisterung war größer als das Können. Ich stand gerade wieder abfahrbereit am Waldesrand, als die Sirenen aufheulten. Statt abwärts fuhr ich mit weichen Knien seitwärts zu einem Transformatorenhäuschen. Mit gespreizten Skiern warf ich mich in den Schnee. Die Flugzeuge waren bereits im Anflug. In einem kurzen Mutanfall nach oben in den blauen Himmel blickend, sah ich die silberglänzenden Bomben auf mich zufallen. Todesangst. Ich schloss die Augen und drückte mich fest auf die Erde. Kurz darauf hörte ich die Detonationen in der Stadt.

Am nächsten Tag ging ich angstvoll, wie versprochen, zum Schuhmacher Bredehorn. In der unteren Hälfte der Geisenaustraße hatten die Bomben ihr fürchterliches Zerstörungswerk verrichtet. Zwischen der Scharnhorststraße und dem Gässchen zur Arndtstraße lagen die meisten Häuser in Schutt und Asche. Viele Bewohner waren tot. Auch die Frau und die Tochter des Schuhmachers kamen ums Leben. Es gehört nicht viel Phantasie dazu, sich auszumalen, was mir hätte passieren können, wenn ich mein Freizeitvergnügen zurückgestellt oder meine Mutter weniger nachgiebig gewesen wäre. Mit ziemlicher Sicherheit wäre ich um die Zeit des Angriffs in der Gneisenaustraße gewesen, im schlimmsten Fall in des Schuhmachers Werkstatt.

Zeitzeugenbericht Meta Fröhlich

Die Aufforderung, meiner Pflicht nachzukommen und im Rüstungsbetrieb mitzuarbeiten, ließ nicht lange auf sich warten. Ich wurde verpflichtet, am 2. Januar 1945 in der Arndtstraße bei der Firma Hauser-Galvanik um 13.30 Uhr zu erscheinen.

Am 2. Januar machte ich mich rechtzeitig auf den Weg. Ich befand mich gerade auf dem Bahnübergang an der Rosengartenstraße, als die Sirenen Voralarm gaben. Darauf beschleunigte ich meine Schritte, um so schnell wie möglich mein Ziel zu erreichen. Es war ein herrlicher Wintertag. Der Voralarm kümmerte mich wenig. Bald erreichte ich die Arndtstraße. Ich meldete mich im Büro des Herrn Hauser. Freundlich führte er mich in einen Saal und zeigte mir meine neue Arbeitsstelle. Alleingelassen, so stand ich mitten in diesem Saal. Jetzt heulten die Sirenen erneut: Vollalarm! Unbekümmert blieb ich stehen, obwohl das Brummen der herannahenden Flieger schon zu hören war. Da wurde die Türe aufgerissen, jemand rief mir zu: "Sofort in den Keller, es fallen Bomben!" Ich rannte so schnell ich konnte zur Tür hinaus. Die Bomben fielen bereits, der Boden unter meinen Füßen zitterte, das Haus wankte und der Krach der Detonationen war schrecklich.

Ich musste an der Eingangstür vorbei, strauchelte und fiel hin. Glasscherben flogen um mich herum, schnell stand ich auf, um die nächste Treppe zu erreichen. Nun erfasste mich ein Luftdruck und schleuderte mich die Treppe vollends hinunter. Eine Tür flog hinter mir her, verfing sich aber glücklicherweise am Treppengeländer. Laut schreiend und heulend, umgeben von einer dichten Staubwolke, tastete ich mich nach vorne, in der Hoffnung eine Tür zu erreichen, die in den Luftschutzkeller führen würde. Immer noch fielen Bomben. Da hörte ich hinter mir eine Stimme, die mir zurief, dorthin zu kommen. Unter der Treppe kauerte jemand, dahin tastete ich mich. Ich klammerte mich in meiner größten Not und Angst an die-

sen Menschen, den ich nicht sah und auch nicht kannte. Auf einmal war es totenstill. Die Flugzeuge hatten sich entfernt.

Jetzt kamen die Leute aus den Kellern heraus. Die Sonne blendete sehr. Ich war unverletzt, aber der Anblick, der sich uns bot, war schrecklich. Die meisten Gebäude waren dem Erdboden gleichgemacht. Das Anwesen der Firma Hauser-Galvanik ragte nahezu unbeschädigt aus den Trümmern heraus. Dann hatte ich nur noch eines im Sinn; so schnell wie möglich heim. Herr Hauser war sofort damit einverstanden. Ich rannte so schnell ich konnte in Richtung Bahnhof. Wieder kreisten Flugzeuge am blauen Himmel. Fünf oder sechs Stück, ganz hoch oben und ganz klein. Plötzlich löste sich eines aus der Formation und flog im Sturzflug nach unten. Von großer Panik gepackt, trommelte ich an eine Haustür in der Talstraße. Es dauerte eine Ewigkeit, bis die Tür von einer Frau geöffnet wurde. Ich bat sie, mich in ihren Luftschutzkeller zu lassen. Der Keller wäre sowieso überfüllt, sie könne niemanden mehr einlassen, sagte sie. Schnell erzählte ich ihr, dass ich aus der Arndtstraße käme, wo alle Häuser ringsum zerstört seien. Das schien ihr interessant. Sie ließ mich ein.

Heute weiß ich, dass es mit großer Wahrscheinlichkeit Aufklärungsflugzeuge waren, die die Wirkung des vorangegangenen Bombenangriffs auf Schwenningen fotografierten. Im Keller, der mit Balken abgestützt war, saßen viele Frauen und Kinder, teilweise in Decken gehüllt. Daheim angekommen, riet mir meine Mutter, doch einmal in den Spiegel zu schauen. Mein Gesicht war vom Staub und von Tränen verschmiert, meine Haare grau.

Zeitzeugenbericht Hilde Wangler

Ich arbeitete bei der Damenschneiderin Maihofer im Hause Fluck-Weckerle in der Arndtstraße. Über die Mittagszeit ging ich schnell an den Neckar, meinen Großeltern das Neue Jahr anzuwünschen. Kaum war ich zurück, gab es Fliegeralarm und wir gingen alle in den Keller; es waren ausser mir noch Hildegard Rauser, Frau Maihofer, Frau Fluck-Weckerle und deren Enkelkinder Iris Haller und Jürgen Haller. Durch einen Bombenvolltreffer wurden wir alle verschüttet. Ich bekam zum Glück einen Holzlattenverschlag vor das Gesicht, was mir Luft zum atmen ließ und ich nicht erstickte. Hildegard Rauser wurde durch herabstürzende Backsteine erschlagen – sie hatte den kleinen Buben auf dem Schoß. Die Kinder habe ich noch eine Zeit lang schreien gehört. Aber in meinem Schockzustand nahm ich alles nicht mehr deutlich wahr. Erst abends um halb 6 Uhr wurde ich schwer verletzt geborgen und mit Beckenbruch ins Krankenhaus gebracht. Die Kinder wurden erst nach mir geholt. Frau Maihofer hatte die Steinkellertreppe auf den Beinen.

Arndtstraße, Ecke Kurzer Weg. Neben dem Schuttberg ist das ebenfalls zerstörte Gebäude von Fahrrad-Haller sichtbar

Zeitzeugenbericht Wolfgang Mehne

Das Jahr 1945 fing für mich ganz schrecklich an. Ich war gerade 16 Jahre alt, war auf einem Testlehrgang in München-Neubiberg und hatte über Weihnachten einige Tage frei. Da kam das Unheil am 2. Januar mittags 13.45 Uhr. Es war gerade Voralarm und ich war bei meinem Freund Siegfried Bilger in der Turnerstraße. Auf dem Nachhauseweg in der Arndtstraße, etwa beim Bürogebäude der damaligen Firma Emil Speck, kam Fliegeralarm. Kaum waren die Sirenen verstummt, war auch schon ein Pulk Bomber zu sehen.

Ich fing an zu zählen; doch kaum hatte ich begonnen, sah ich auch schon, dass da was aus den Flugzeugen herausfiel, lauter silbrige Stäbe; und da heulte und pfiff es auch schon. Im letzten Moment rannte ich zum Speck-Büro; da fasste mich ein Mann an den Armen und schob mich vor sich her die Kellertreppe hinunter. Da rumpste und wackelte schon alles. Nach einigen Minuten war alles vorbei. Als ich die Kellertreppe hochrannte, kamen mir viele Leute entgegen, die völlig verstaubt und verdreckt waren. Sie wollten noch in den Keller flüchten und sagten uns, dass alles kaputt sei. Ich zwängte mich die Treppe hoch und ging auf die Straße. Da sah ich, was geschehen war. Das Haus Fluck-Weckerle war kaputt. Das Haus neben dem Gebäude Emil Speck, wo ich gerade noch in den Keller kam, war zur linken Seite ganz, zur rechten Seite halb kaputt. In diesem Haus war das Fahrradgeschäft Haller. Ich stürzte nun über die Trümmerberge, die die Straße bedeckten und wollte heim. In meiner Eile blieb ich in den Drähten der Straßenlaternen hängen. Dann war ich in der Karlstraße bei der Metzgerei Gaus und sah die Katastrophe mit unserem Haus. Mein erster Gedanke: Wo ist meine Mutter? Sie war ja zu dieser Zeit immer zu Hause. Unser Haus war von der Vorderseite her total zerstört. Ich ging zum Hauseingang, aber da war die Treppe in den ersten Stock halb abgerissen; ich schnappte mir ein Brett, legte es auf das Gelän-

der vor der Haustür und auf die erste Treppenstufe. Es gelang mir, in die Wohnung zu kommen, aber von meiner Mutter gab es keine Spur. Ich rief laut nach ihr, aber nichts war zu hören. Die Bombe hatte direkt das Fundament getroffen. Plötzlich hörte ich ein Wimmern; da wusste ich, dass meine Mutter unter diesen Trümmern verschüttet lag. Einige Lattenverschläge im Keller waren auf sie gefallen und hatten ihr etwas Luft zum Atmen gelassen. Nun kamen auch die ersten Menschen aus Kellern und wie ein Wunder standen plötzlich fünf Soldaten vom Lazarett Rössle hinter mir und fragten, was ich suche. Ich sagte ihnen, dass meine Mutter verschüttet sei und alle Mann machten sich sofort an die Rettungsarbeiten. Mein Vater war zu dieser Zeit noch in der Fabrik bei Ismet und wusste von dem Unglück noch nichts. Nach etwa einer halben Stunde hatten wir meine Mutter ausgegraben. Sie war total geschockt und fragte immerzu, was denn geschehen sei.

Inzwischen fing es in der unteren Wohnung an zu brennen, es hatte einen beheizten Ofen zerrissen. Ich rief wieder um Hilfe, da kam ein Mann von der Feuerwehr und löschte den Brand. Nun war auch mein Vater in der Fabrik benachrichtigt worden und kam heim. In der Zwischenzeit hatte eine Krankenschwester meine schwerverletzte Mutter zu Fuß ins Rössle-Lazarett gebracht. Dort sagte man, dies Lazarett sei nur für die Wehrmacht und schickte sie weg. Da musste sie weiter zu Fuß in das etwa 2 km entfernte städtische Krankenhaus. Dort war alles überfüllt, sie bekam im Kellergang ein Behelfsbett. Gegenüber bei Foto-Schultheis wurden drei Tote auf der Treppe gefunden. Es war eine Mutter mit zwei Kindern. Man legte sie auf den Gehweg und deckte sie mit Tüchern zu. Nun wurde so langsam das ganze Unheil klar. In der Gneisenaustraße brannte es lichterloh. Ein Kamerad erzählte, dass Rieble & Mathauer in Schutt und Asche lag. Sofort fiel mir ein, dass meine Freund Karle dort arbeitete; er war auch unter den Toten. Meine Mutter verstarb am 12. Januar 1945 im Krankenhaus. Sie hatte einen Leistenbruch und starb an einer Embolie.

Zeitzeugenbericht Edith Lauffer, geb. Geiser

Wie schon in den Schulferien der vergangenen Jahre, wollte ich, zwölf Jahre alt, im Dezember 1944 auch die Weihnachtsferien bei meinen Großeltern in Vöhringen, fünf Kilometer von Sulz entfernt, verbringen. Meine Eltern Karl und Rosa Geiser und ich fuhren daher unmittelbar vor den beiden Weihnachtsfeiertagen mit der Bahn, die Waffenschmiede Oberndorf passierend, nach Sulz. Jabo-Gefahr auf der ganzen Strecke. Schon in den Herbstferien drohte meinen Großeltern und mir beim Kartoffelernten ein Jagdbomberangriff. Vor den sich dröhnend nach unten stürzenden Flugzeugen warfen wir uns angstvoll in die Ackerfurchen, das herumliegende Kartoffelkraut als einzigmögliche Tarnung nutzend.

Ende 1944 gab es von Sulz nach Vöhrigen kaum noch Verkehrsverbindungen. Ein einstündiger Fußmarsch war unvermeidlich. Leider mussten meine Eltern am zweiten Weihnachtsfeiertag wieder nach Schwenningen zurück. Zwischen Weihnachten und Neujahr musste gearbeitet werden. Mein Vater war Abteilungsleiter bei der Firma Gustav Strohm, die neben der Firma Rieble & Mathauer in der ehemaligen Zündholzfabrik untergebracht war. Bei ihrer Ankunft in Schwenningen wurden meine Eltern wahrscheinlich auch mit den Trümmern des ersten Luftangriffs auf unsere Stadt konfrontiert. In unmittelbarer Nähe von Vaters Arbeitsplatz in der Bismarckstraße wurde am 25. Dezember im Bahnbereich ein Mensch getötet, als Lagerhallen in der Güterstraße den Bomben zum Opfer fielen. Der Weg meiner Eltern vom Bahnhof in unsere Wohnung, Ecke Schwab- und Karlstraße, dürfte sie über die Bismarckstraße geführt haben.

Am Dienstag, den 2. Januar, begleitete ich frühmorgens meine Großmutter auf ihrem Weg zu einem Bäcker. Sie brachte Brotteig zum Ausbacken in die Bäckerei. Gegen 14 Uhr wollten wir das fertig gebackene Brot wieder abholen. Auf dem Weg in die Bäck-

erei, es dürfte 13.30 Uhr gewesen sein, überflog eine Bomberstaffel in großer Höhe, trotzdem furchteinflößend, den kleinen Ort Vöhringen. Meine Großmutter befürchtete, für mich damals unverständlich, einen Angriff auf Schwenningen. Wusste sie um den ersten Angriff am 25. Dezember? Wollte sie mich mit ihrem Wissen zunächst nicht beunruhigen? Ich hatte keinerlei Kenntnisse davon, dass die Uhrenstadt am Neckar seit langem keine Uhrwerke, sondern nur noch Zünder für Bomben und Artilleriegeschosse produzieren musste.

Evakuierung im Mühlweg, Ecke Sängerstraße

Am Abend erreichte uns dann die schreckliche Nachricht: Bei einem großen Bombenangriff auf Schwenningen wurde mein Vater getötet. Am frühen Morgen des nächsten Tages fuhr ich in die Heimatstadt zurück. Vor meiner Mutter stand die fürchterliche Aufgabe, ihren Mann inmitten einer endlos scheinenden Leichen-

reihe zu identifizieren. Ich begleitete sie bei ihrem schweren Gang. Nur anhand seiner Schuhe war mein Vater zu erkennen. Er wurde 44 Jahre alt.

In der Mittagspause des 2. Januar hatte sich mein Vater, wie an jedem Arbeitstag, auf dem Sofa ausgeruht. Entgegen seiner sonstigen Art, so meine Mutter, schlief er an diesem verhängnisvollen Tag länger als gewöhnlich. Um rechtzeitig in die Firma zu kommen, ging er nicht zu Fuß, sondern griff sich das Fahrrad. Es führte ihn in den Tod. Der einzige Überlebende in dem Fabrikkomplex sah meinen Vater noch vor dem Eingangstor stehen. In Richtung Reute und Kurhaus auf die todbringende Bomberflotte schauend, rief er laut Augenzeuge "Die werfen Bomben". Vor der Stempeluhr liegend, wurde mein Vater tot aufgefunden. Er wurde später nach Vöhringen überführt. Auch wir verließen Schwenningen und lebten bis nach dem Kriegsende bei meinen Großeltern.

Wenige Wochen nachdem meine Mutter und ich die Wohnung an der Ecke Schwab- und Karlstraße verlassen hatten, fanden bei dem nächsten Bombenangriff am 9. Februar in der Schwabstraße, 50 Meter von unserem Heim entfernt, sieben Frauen, zwei Kinder und drei Männer den Tod. In der Bachenstraße, ebenfalls in unmittelbarer Nähe unserer Wohnung, starb ein Ehepaar.

Zeitungsschriftsteller 1945

Die Zeitungsseite „Schwenningen am Neckarquell meldet" – ein großes Nichts. Mit keiner Zeile wurde der Angriff vom Vortage gemeldet. Erst drei Tage später fühlten sich die „Zeitungsschriftsteller", so der offizielle Titel, wieder in der Lage, den Lesern mit Informationen und treuherzigen Ratschlägen richtungsweisend beizustehen.

FREITAG, 5. JANUAR
Reinigung der Gehwege. Zur Winterszeit ist es eine erhöhte Pflicht der Anlieger, die Gehwege zu säubern bzw. zu streuen, um Stürze zu vermeiden. Die Glätte des hartgefrorenen Schnees spielt oft übel mit und ist besonders bei Dunkelheit gefährlich. In letzter Zeit ereigneten sich stellenweise mehrere Unfälle, glücklicherweise leichterer Art, hervorgerufen durch besondere Umstände. Es ist Pflicht nicht nur der Anlieger, sondern jedermanns, Glasscherben und sonstigen Unrat zu beseitigen und an den Rand der Gehwege zu legen. Wenn viele Hände zugreifen, gibt es rasch ein gutes Stück.

Capitol. Die Vorstellungen beginnen wieder heute Freitag zur üblichen Zeit. Auf dem Spielplan steht der Terra-Film „Der Engel mit dem Saitenspiel". Heinz Rühmann führt eine behutsame, im Künstlerischen wie in der Bewertung des Menschlichen ausgewogene Regie, die den Haupt-Handlungsträgern (Herta Feiler und Hans Söhnke) gut ins Gesamtgeschehen einordnet und sie nicht starhaft heraushebt. Viele Stimmungsmomente des Films werden durch Werner Bochmanns Musik aufs Angenehmste erhöht.

DIENSTAG, 9. JANUAR
Ab heute Dienstag bis einschließlich Montag, läuft im Schwenninger „Capitol" der UfA-Farbfilm „Die Frau meiner

Träume". In den Hauptrollen begegnen wir Marika Rökk, Wolfgang Lukschi, Georg Alexander und Grete Weißer.

DONNERSTAG, 18. JANUAR
Beginnend in der Nacht von Montag, 22. Januar, bis Dienstag, 23. Januar 1945, wird bis auf weiteres die Zahl der Reisezüge erheblich eingeschränkt. Es fallen inbesondere alle D- und Eilzüge, einschließlich den für den öffentlichen Verkehr vorgesehenen Zugteile der SJR-Züge (Wehrmachtsurlauberzüge) im ganzen Reich aus. Inwieweit kriegswichtige Reisen künftig in allerdingendsten Fällen ausgeführt werden können, wird noch bekanntgegeben.

Willst Du wirklich nicht kommen

und Dein Volksopfer auf der Ortsgruppe abgeben? Das ist wohl kaum anzunehmen. Nimm Dir jetzt Zeit und such alles heraus, was Du irgendwie an Wäsche, Kleidung und Ausrüstung für unsere Volksgrenadiere und Volkssturmmänner entbehren kannst. Sie erwarten mit Recht

DEIN VOLKSOPFER

Auf Schusters Rappen flüchtend

Mutters Schwester konnte uns nur kurze Zeit aufnehmen. Sie bewohnte mit ihrer sechsjährigen Tochter eine kleine Zweizimmerwohnung. Ihr Mann war an der Front. Die Angst vor weiteren Luftangriffen saß uns zentnerschwer im Nacken. Nur nicht in unsere lädierte Wohnung zurück. Zu nahe lag die Arndtstraße an wahrscheinlich neuen, beziehungsweisen alten Angriffszielen. Mutter musste entscheiden: Nach Nußbach oder Löffingen. Nußbach erhielt den Vorzug. Vaters Stiefeltern wohnten in einem kleinen Haus an der kurvenreichen Straße zwischen Sommerau und Nußbach, hundert Meter unterhalb der Schwarzwaldbahn. Tunnel folgt auf Tunnel. Ein Streckenbereich, der Luftangriffe unwahrscheinlich erscheinen ließ.

Vorab gingen drei Koffer per Bahn zum Bahnhof Nußbach. Zwei Tage später wollten wir folgen. Doch unser Fluchtweg war in Villingen bereits zu Ende. Die Reichsbahn hatte die Zugverbindung für den Personenverkehr in Richtung Triberg ganztägig aufgehoben. Rück-Zug nach Schwenningen. Endlich Nachricht aus Löffingen. Über mehrere telefonische und mündliche Stationen die Kunde: Großvater kann uns am 12. Januar in Donaueschingen abholen.

Bei weitgehend schneefreien Straßen machten wir uns zu Fuß auf den 16 Kilometer langen Weg nach Donaueschingen. Mutter, Dietlinde und ich trugen nur das allernötigste Gepäck. Der Kinderwagen, in dem die knapp zweijährige Rosemarie saß, wurde abwechselnd geschoben. Nach Bad Dürrheim empfing uns eine schnurgerade, topfebene, endlos scheinende Chaussee, teilweise nur durch kahl am Straßenrand stehende Bäume aufgelockert. Eine ideale Teststrecke für tödliche Attacken der jeden Morgen am Himmel auftauchenden Jabos. Dieser Gefahr entsprechend, begann unser langer Marsch schon sehr früh im Schutz der Dunkelheit. Weit vor Donaueschingen verloren wir allerdings das natürliche Schutzschild. Straßengräben links und rechts des beschwerlichen Weges gewannen an Bedeutung. 16 Kilometer waren unter der gegebenen Marschformation in vier Stunden nicht zu schaffen.

„Die Erschütterung der Luft wird erst Schall, wo ein Ohr ist“ sagt Lichtenberg. Nie war so viel Ohr, wie auf den letzten Kilometern vor Donaueschingen. Ein Phänomen, das mich die nächsten Monate bis zum Kriegsende begleitete. Das Gehör wurde zum wichtigsten Vorwarnsystem, begleitet durch regelmäßige, furchtsame Blicke zum Himmel. Unheilverkündend das anschwellende Dröhnen der Flugzeugmotoren, angsteinflößend das schrille, durchdringende Sirenengeheul. Jeder helle Sonnentag war ein Tag in Furcht, beruhigend dagegen jeder wolkenverhangene, trübe Tag. Großvater war zur Stelle. Es war bereits dunkel, als das Maienländer Tor uns erschöpft aufnahm.

Im Maienländer Tor

Im Tor wohnten zwei Familien. Links die eines Bahnbeamten, rechts die Eltern meiner Mutter. Eine steile Holztreppe führte in den ersten Stock mit Plumpsklo und Abstellraum. Über eine Wendeltreppe gelangte man in den mittleren Wohnbereich mit Küche, Wohn- und Schlafzimmer. Beide Zimmer besaßen Kachelöfen. Im Wohnzimmer dominierte über einem Schreibpult ein groß umrahmtes Feuerwehrbild. „Gott zur Ehr, dem Nächsten zur Wehr." Bescheiden hingegen im Herrgottswinkel ein kleines Kruzifix. Das Dachgeschoss umfasste zwei weitere Zimmer und einen Speicherraum. Aus dem Fenster schauend, sah man das Rathaus, das Kriegerdenkmal des Krieges 1870/71 und den Demetriusbrunnen. Auf den mit Lanze und Schild auf aktuelle Händel nur mangelhaft gerüsteten Märtyrer und Stadtpatron warteten schwere Zeiten, die seine Schutzfunktion für die Stadt zeitweise außer Kraft setzte.

Großvater Josef Keller war in Personalunion Holzfäller, Totengräber, landwirtschaftliche Hilfskraft und Feuerwehrmann. Seine Frau Rosa wirkte in den Waschküchen betuchter Bürger.

Im September 1933 wies der Löffinger Bürgermeister meinen Großvater schriftlich darauf hin, dass er als Gemeindebediensteter „Träger des nationalsozialistischen Staates" sei. Er erwarte von ihm, dass er seine fünfzehn und dreizehn Jahre alten Söhne Franz und Karl „aus nicht nationalsozialistischen Jugendverbänden zurückziehe und den anerkannten Jugendorganisationen zuführe". Beide Söhne waren Mitglieder der katholischen Jungschar. Einige Monate später gelang es den Nationalsozialisten, den Stadtpfarrer Guido Andris aus dem Amt und aus der Stadt zu jagen. Mit dem Lied „Muss i denn, muss i denn zum

Städtele hinaus" begleiteten sie den Pfarrer zum Bahnhof. Sechzehn protestierende Einwohner wurden in zwei Verhaftungswellen festgenommen und teilweise zu mehrmonatigen Gefängnisstrafen verurteilt.

Aus Furcht vor möglichen Luftangriffen blieb ich die ersten Tage nach unserer Ankunft in der Wohnung. Aufkommende Langeweile verhinderte der große Speicherraum. Statt vorgeschriebene Sandkisten und Feuerpatschen, belegten alte Möbel und verstaubte Bilder den Dachboden. Mein besonderes Interesse galt aber den stapelweise gelagerten alten Zeitungen und Zeitschriften. Wer war ihr Sammler? Zeitungen wurden damals im Normalfall akkurat zu quadratischem Toilettenpapier zurechtgeschnitten. Überstieg die Leselust der Torbewohner so eindeutig den Bedarf an Toilettenpapier?

Stundenlang konnte ich mich in illustrierte Zeitschriften vertiefen. Naziprodukte. Das nächtliche Bild einer Männerreihe, die mit erhobenen Händen an einer Mauer stand, von SA-Schergen bewacht, blieb in meiner Erinnerung.

Obwohl noch keine zehn Jahre alt, streckte zunächst die Löffinger Hitlerjugend die Hand nach mir aus. Ein Dutzend Burschen meines Alters versammelte sich um einen etwas älteren HJ-Führer und einen großen, dampfenden Kessel mit Kartoffelsuppe. Jeder Pimpf hatte ein Geschirr mitgebracht, aus dem er eine Suppe löffelte, die wesentlich schmackhafter war als die vor zwölf Jahren eingebrockte. Die HJ-Kluft fehlte weitgehend. Braun war anscheinend ein auslaufendes Modell. An aufrüttelnde Worte oder Kampflieder kann ich mich nicht erinnern. Nur die Kartoffelsuppe blieb in meinem Gedächtnis. Ein schöner Sieg der Materie über die Ideologie. Allerdings sorgte sich Großmutter um mein Seelenheil.

Feldpostbrief aus dem Osten

Liebe Frau, liebe Kinder! Osten, 16.1.45

Habe mir am Samstag den Brief von Dir vom 2.1. geholt. Am Sonntagmorgen musste ich wieder nach Litzmannstadt. Als ich in Kutno am Bahnhof noch einige Zeit beim Roten Kreuz auf den Zug warten musste, traf ich durch Zufall einen Feldwebel der Luftwaffe namens Bürk aus Schwenningen. Er erzählte mir, was bombardiert wurde. Er sagte mir, Scharnhorststraße, Zündholzstraße, Karlstraße und, was mich am schlimmsten traf, Kurzer Weg. So mit diesen Gedanken musste ich auf Transport. Bürk sagte mir, das wäre am 2.1. nachmittags 14.30 Uhr gewesen, bei Voralarm. Nun lebe ich in schweren Sorgen, bis ich ein Lebenszeichen von Dir habe. Ich nehme an, wenn Euch etwas Schlimmes passiert wäre, hätte ich doch ein Telegramm bekommen. Bin nun seit Sonntag auf Fahrt und in der Nähe von Krakau. Es kann noch mehrere Tage dauern, bis ich zurück bin und Post von Dir in die Hände bekomme. Ich wäre beruhigt, wenn Du nicht mehr in Schwenningen wärst. Es ist wohl schwer, jetzt im grimmig kalten Winter zu reisen und nur das Notwendigste mitzunehmen. Aber ich meine, wenn Du zu Maria gehst, dann geht es auch wieder, es sind ja keine fremden Leute. Aber da könntest Du und die Kinder nachts richtig schlafen. In die Schule könnten Helmut und Dietlinde auch dort. Dir würde es vielleicht in Löffingen besser gefallen. Wenn ich nur mal in Urlaub kommen könnte, um alles zu besprechen. Es wäre etwas ganz anderes, als zu schreiben. Aber jetzt ist es seit gestern wieder ganz hoffnungslos, denn hier ist es auch lebendig geworden. Das wirst Du schon im Radio gehört haben. Ich bin gesund. Hoffe, dass ihr alle am Leben und gesund seid.

Es grüßt Dich herzlich Dein Karl

Odyssee eins

Noch keine zwölf Jahre nachdem das tausendjährige Reich die beiden Keller-Söhne Franz und Karl für ihre Jugendorganisation reklamierte, traf ich Karl, einen der beiden Kandidaten, in einer misslichen Lage an. Der Held des Fußballfeldes lag in einem Bettgestell, das rythmisch knarrend seinen heftigen Schüttelfrost begleitete. Malaria-Fieberschübe streckten Karl erbarmungslos nieder. Italienische Stechmücken waren die Ursache für einen neuerlichen Krankheitsschub während eines kurzen Heimaturlaubes. Unser unverhofftes Auftauchen in Löffingen machte Karls Situation kompliziert. „I lass me do jetzt net no sinnlos verheize“, war Karls Credo, als die Krankheit überwunden schien. Für die unberechtigte Verlängerung eines Krankenscheines würde jeder Arzt Kopf und Kragen riskieren. Erstaunlich offen sprach Karl darüber, nicht zur Truppe zurückzukehren. Er verschwand am 18. Februar. „I gang is Harris“ habe ich noch im Ohr. Der oder das Harris bezeichnete sowohl eine Gemarkung als auch ein Bahnwärterhäuschen auf der Bahnstrecke zwischen Löffingen und Rötenbach. Karl war anscheinend mit dem Bahnwärter befreundet. Wussten das andere Leute auch? Eine Freundin war im Gespräch. Die Tochter des Bahnwärters?

Bei aller Gefahr für Karl und den Bahnwärter hatte das Versteck den Vorteil, dass unser Großvater als Waldarbeiter relativ unauffällig zivile Kleidung und auch Essen in unmittelbarer Nähe seines Arbeitsplatzes deponieren konnte. Außerdem wohnte weit und breit kein Mensch. Der besagte Fuchs und der erwähnte Hase sagten sich im Harris tatsächlich gute Nacht. Wie sie wünschte sich auch Karl, von einer Treibjagd verschont zu bleiben. Harris war ein sicheres Versteck zwischen Galgenbühl und Mörderkreuz.

Das Dilemma eines Seelenhirten

Nach einem überraschend gemütlich abgelaufenen Kartoffelsuppen-Gastspiel bei der sich bald auflösenden Hitlerjugendtruppe mühte sich die katholische Kirche, mich in ihre Obhut zu nehmen. Großmutter meldete ihren Enkel zum Kommunionunterricht bei Pfarrer Robert Winkel im Pfarramt an. Sowohl meine Schwester Dietlinde, als auch ich galten bei unserer Patriarchin vermutlich als bedauernswerte Heidenkinder. Obwohl getauft, standen wir durch weitgehend mangelnde Gebetsbereitschaft und strikter Kirchenabstinenz außerhalb ihres religiösen Toleranzbereiches. Großmutter, gegenüber unserer Mutter eine religiöse Großmacht, beförderte uns in einen katholischen Intensivkurs.

Ihr Evangelium, nicht nur an Sonn- und Feiertagen vorgetragen, hieß gottgefällige Demut und praktizierte Bescheidenheit. Tag für Tag und früh am Morgen, eilte sie, mit einem Waschbrett unter dem Arm, zu den Waschküchen gutsituierter Bürger. Bete und arbeite, ihre tägliche Praxis. Erst am frühen Abend kam Großmutter ins Tor zurück. Großvater, etwas weniger gottesfürchtig als seine Frau, war ebenfalls den ganzen Tag außer Haus. Gemeinsam mit drei weiteren Holzfällern machte er sich jeden Morgen auf den Weg zu seinem zwei bis drei Kilometer entfernten Arbeitsplatz im Wald.

Das Pfarrhaus und das Maienländer Tor lagen nur einen Steinwurf von dem Löffinger Bahnhof entfernt. Dem Pfarrer Robert Winkel blieb kaum verborgen, dass dort in regelmäßigen Abständen, vielfach auch in der Nacht, Munition verladen wurde. Entgegen einem großen Teil der Bevölkerung schätzte der Pfarrer die Gefahr von baldigen Fliegerangriffen realistischerweise als hoch ein. Jedenfalls verließ er rechtzeitig vor dem 19. Februar das Pfarrhaus und verlegte seinen Wohnbereich in das einen Kilometer entfernte Seppenhofener Exil. Für die Abhaltung des vorgesehenen Kommunionunterrichtes wählte er die Friedhofskapelle auf dem Alenberg aus. Zweifellos bot der Friedhof sowohl dem Hirten als auch seiner Herde ein höheres Maß an Sicherheit, als dies im kirchennahen Raum der Fall gewesen wäre. Friedhöfe standen bei den alliierten Bomberpiloten nicht auf den Auftragszetteln.

Im Städtchen erntete des Pfarrers Fluchtbewegung viel Kopfschütteln und Unverständnis. Im Mittelpunkt der Kritik stand nicht, dass eine Friedhofskapelle für sensible Kinderseelen kaum der richtige Ort sein konnte, sie auf den Empfang der Kommunion vorzubereiten. Die Gemeindemitglieder wollten sich vor allem um einen mutigen und keinen ängstlichen Seelenhirten scharen. Auch die Großeltern machten aus ihrer Enttäuschung über des Pfarrers ängstliches Verhalten keinen Hehl. Großmutter würde bei einem überraschenden Fliegerangriff ihr Nudelholz beim sonntäglichen Nudelteigausrollen nicht vor Schreck aus der Hand fallen lassen. Katholische Geborgenheit: „Unser Herrgott wird schon wissen, wann unsere Zeit abgelaufen ist." Offensichtlich wollte dagegen Robert Winkel die Dauer seines Erdenlebens nicht allein Gottes Hand überlassen, sondern selbst etwas zu dessen Verlängerung beitragen. Mehr Mannesmut hatte sein Vorgänger Guido Andris gezeigt, der sich 1934 den Nationalsozialisten entgegenstellte. Immerhin läßt ein altes chinesisches Sprichwort an den Pfarrer Robert Winkel denken: „Die weiseste aller Tapferkeit ist die Flucht."

Die Kriegsfurie wütet weiter

Nach einer Zeit relativer Ruhe gab es in den ersten Februartagen wieder Fliegeralarm. Die Schutzsuche in einem Keller galt auch in Löffingen nach der fürchterlichen Bombardierung Freiburgs nicht mehr als kurios. In Erstaunen versetzten wir jedoch Passanten durch unsere jede Gelassenheit vermissende Schnelligkeit der Fortbewegung. Auf der Siebzigmeterstrecke zum Rathaus erreichten wir eine unserer Angst angemessen hohe Endgeschwindigkeit.

Am Nachmittag des 19. Februars heulten die Sirenen erneut. Wieder hatten wir in kurzer Zeit den Luftschutzkeller erreicht. Ein Lehrer führte ungefähr dreißig Schüler in den Schutzraum. Das Rathaus diente als Ausweichquartier, seit in das Schulhaus am Haslachwald die Wöchnerinnen-Station der Frauenklinik Freiburg eingewiesen wurde. Diese Evakuierung war die Folge des Angriffes im November 44.

Im Luftschutzkeller sofort wieder ein beklemmendes Gefühl. Der Kopf könnte doch entspannend signalisieren: Drei Stockwerke über Dir bieten eine Sicherheit wie Abrahams Schoß. Er tut es aber nicht. Stattdessen drückt die bloße Vorstellung der ungeheuren Steinmasse über der niedrigen Decke des düster beleuchteten Raumes mächtig aufs Gemüt. Mit dem Schließen der schweren Eisentüre hoffte eine sich ängstigende, zu absoluter Passivität verurteilte Menschengruppe, dass der schreckliche Kelch einer Bombardierung an ihr vorübergehen möchte.

Die Kenntnis lebenserhaltender Apparate und Operationswerkzeuge wie Sägen, Messer, Meißel und Zangen führt selten dazu, Patienten in fröhlicher Stimmung in den Operationssaal fahren zu lassen. Auch das bei unserer Flucht in die Unterwelt sichtbare, Rettungschancen vorgaukelnde

Instrumentarium versetzte mich keineswegs in einen ruhigeren Zustand. Bereitstehende Feuerpatschen und Sandkübel erinnerten daran, dass der durch Phosphor angefachte Feuertod zum täglichen Pflichtprogramm der Bomberpiloten gehört. Die Kenntnis von verheerenden Feuerstürmen in jüngster Vergangenheit hatte sich in mein Gedächtnis eingegraben. Die hilflose, weil im Ernstfall untaugliche Farbmarkierung des Schutzraumbereiches an der Hausaußenfront ließ daran denken, dass der Tod unter riesigen Steinhaufen vieltausendfaches Schicksal war.

Als das Motorengeheul anfliegender Bomber immer lauter wurde, verstummte der ohnehin gedämpfte, von Furcht diktierte Redeschwall. Angespanntes Lauschen von ungefähr fünfzig Ohrenpaaren. Mit dem Krachen der ersten Bombeneinschläge fuhren ruckartig an die fünfzig Köpfe zwischen die Schulterblätter. Kinderweinen. Das Licht erlosch. Jemand fing an zu beten. Ein umfangreicher Chor schloss sich an. „...heilige Maria, Mutter Gottes, bitte für uns Sünder, jetzt und in der Stunde unseres Todes. Amen." Auf der Duffnerbank ängstigte man sich stumm. Nach vielleicht drei Vaterunsern verebbten die Flugzeuggeräusche. Erste Erleichterung in der Dunkelheit des Raumes. Nach der Entwarnung verließen die verschonten Bombenadressaten den Keller. Tote in der Maienländer Straße.

Zeitzeugenbericht Lothar Zepf

Am Nachmittag des 19. Februars 45, einem Montag, war ich, neun Jahre alt, mit meinen Großmüttern Genoveva Zepf und Katharina Nägele allein in unserem Haus in der Hafnergasse. Vater war als Soldat an der Front, meine Mutter zu einem Kurzbesuch in Dittishausen und Bruder Waldemar bei seinem Schulkameraden Hermann Zahn im Haus der Bäckerei Zahn.

Nach 14 Uhr gab es Fliegeralarm. Sofort lief ich in den für die Nachbarschaft vorgesehenen Luftschutzkeller des Wagnermeisters Schelling, unserem Haus schräg gegenüber. Der Alarm störte meine beiden Großmütter bei einem kleinen Kaffeeklatsch. Sie hatten es nicht besonders eilig, auch in den Luftschutzkeller zu kommen. Schnell füllte sich der Schellingkeller. Auch mein Schulkamerad Hans Hasenfratz eilte mit seinen Eltern und dem jüngeren Bruder Ferdinand in das Kellergewölbe. Wir Kinder saßen angstvoll auf Kartoffelkisten, die Erwachsenen auf Stühlen oder Bänken. Die Geräusche herannahender Flugzeuge wurden immer lauter. Plötzlich entlud sich die atemlose Spannung durch zwei krachende Bombeneinschläge in unmittelbarer Nähe des Schellinghauses. In der Bittengasse hatte es eingeschlagen. Der Luftdruck und der Schreck ließ Haus und Menschen erzittern. Nur wenige Meter trennten uns von einem Volltreffer.

Nach der Entwarnung ging ich in unser Haus zurück und fand meine beiden Großmütter total konsterniert und komplett mit Staub bedeckt regungslos im Flur stehen. Sie hatten den Kaffeeklatsch zu spät abgebrochen. Meinen Bruder Waldemar wirbelte die Luftdruckwelle durch einen Flur der Bäckerei Zahn.

Zeitzeugenbericht Elisabeth Keller

Nichts deutete am Montagmorgen des 19. Februars 45 darauf hin, dass dies der letzte und schwerste Tag des katholischen Kindergartens in Löffingen werden sollte. Rund 50 Kinder waren meiner Obhut anvertraut. Unterstützt wurde ich durch eine junge Frau aus dem Rheinland. Der Kindergarten befand sich auf der Bahnhofstraße, rund 200 Meter vom Bahnhof entfernt. Während die Kinder unbefangen spielten, heulten am frühen Nachmittag die Luftschutzsirenen auf. So schnell wie möglich, in großer Aufregung aber ohne Panik, brachte ich die Kinder in den Luftschutzkeller des Kindergartens. Schon kurze Zeit später war das nervenzerreißende Motorengeräusch anfliegender Bomber hörbar. Kurz darauf folgte das Inferno der Bombardierung. Bombe auf Bombe ließ das Haus unter ungeheuren Detonationen erzittern und die Fensterscheiben des Kindergartens zerbersten. Mit Entsetzen und in Todesangst scharten sich die Kinder hilfesuchend um mich und klammerten sich fest. Beten, Beten, Beten. Minutenlang. Plötzlich wurde es still. Ein guter Schutzengel bewahrte uns vor einem Bombentreffer. Jenseits der Bahnlinie, auch in unmittelbarer Nähe des Kindergartens, wurde das Sägewerk mit der Kistenfabrik getroffen. Der Führer eines Holzfuhrwerkes, Fehrenbach, fand in diesem Bereich den Tod. Seine beiden Pferde wurden schwer verletzt und mussten erschossen werden. Nach wenigen Tagen brachte mein Vater Karl Gebert das Kindergarten-Inventar im Gebert-Saal in Sicherheit.

Zeitzeugenbericht Hans Hasenfratz

Im Januar 45 war fast jeder Tag ein schöner Sonnentag. Bei herrlich blauem Himmel und reichlich Schnee bauten wir in der Hafnergasse an einer Schneehütte, als Motorengeräusche auf eine Gruppe von Flugzeugen aufmerksam machten, die silberglänzend in Richtung Unadingen flogen. Kurze Zeit später sahen wir die fallenden Bomben. Sie galten der Eisenbahnbrücke im Mauchachtal zwischen Doggingen und Unadingen. Die Brücke wurde leicht beschädigt, ohne den Zugverkehr vorerst zu beeinträchtigen.

Auch der 19. Februar war ein herrlicher Wintertag. Mit den letzten Schneeresten stauten wir Jungen, acht oder neun Jahre alt, das Schmelzwasser in der Straßenrinne. Gegen 14 Uhr kreisten zwei Flugzeuge über uns am Himmel. MeinVater traute den beiden Flugzeugen nicht. Er schickte uns Kinder in den Keller von Nachbar Schelling, der eine Wagnerei betrieb. Kaum hatten wir im Keller Platz genommen, als ein fürchterlicher Bombeneinschlag das ganze Haus erschütterte und das Kellerfenster krachend aufsprang. Durch das offene Fenster sahen wir die Festhalle am Haslachwald. Den vor dem Kellerfenster stehende Holzschuppen, mit schwerem Holz angefüllt, hatte eine Bombe hinweggefegt. Adolf Schelling besah sich zuerst den Schaden. Als wir nach der Entwarnung den Keller verließen, mussten wir über einen Haufen Ziegel und Schutt steigen. Wir waren alle geschockt. Es gab keinen Gartenzaun mehr und auch keine Ziegel auf den Dach. Alle Fenster waren kaputt. Der Kohlenschuppen der Bäckerei Zahn fehlte komplett. Die Wände der Häuser waren herausgerissen. Mitten in der Bittengasse war ein Bombentrichter von etwa einem Meter Tiefe. Die zweite Bombe traf unseren Misthaufen. Ein paar Meter weiter, und unser Haus wäre nur noch ein Schutthaufen gewesen. Auch so war es nicht mehr bewohnbar. Die Haustüre war aus den Angeln gerissen. Alle Fensterscheiben fehlten. Das Dach war abgedeckt. Über meinem Bett steckte ein Bombensplitter in der Wand. Die Wohnung war voller Staub und Dreck. Mittendrin mein älterer Bruder Erich. Aus Freiburg zurückgekehrt, wo er auf Grund des Bombenangriffs im November eine Optikerlehre abbrechen musste, versäumte er es, mit der Familie in den Luftschutzkeller zu gehen. Der Schrecken stand ihm ins Gesicht geschrieben. Bei folgenden Angriffen saß er mit uns im Keller.

Während es in der Bitten- und der Hafnergasse durch glückliche Umstände keine Totenopfer gab, waren in der Maienländerstraße vier Opfer zu beklagen. Unter den Trümmern des Benz-Anwesens starb auch mein Schulkamerad Siegfried Schiehle.

Aus Angst vor weiteren Luftangriffen hielten wir Kinder uns bis zum Abend hinter der Festhalle auf. Dort befand sich ein Luftschutzkeller. Dann kamen wir bei einem Onkel in der Dittishauser Straße vorläufig unter.

Kriegstrompete „Clarion“

Die alliierte Großoperation „Clarion“ startete am 22. Februar, Rosemaries zweitem Geburtstag. Er sollte für uns zu einem der angstvollsten Tage des Jahres werden. In dem Buch „Der zweite Weltkrieg“ von J. Pielkalkiewics berichtete der Autor nüchtern: „An diesem Tag fliegen die alliierten Luftstreitkräfte den ganzen Tag über rollende Einsätze gegen Verkehrsverbindungen im Reichsgebiet. Mit dieser Operation wollen die Alliierten ihre Stärke demonstrieren. Von ihren Stützpunkten in England, Frankreich, Belgien, Holland und Italien greifen 9000 Flugzeuge Bahnknotenpunkte, Brücken und Lokdepots an. Auf diese Weise wurden 90 Prozent der deutschen Transportkapazität und der Verkehrsknotenpunkte vernichtet.“

Bemüht man das Oxford English Dictionary, um den Operationsnamen „Clarion“ verstehen zu können, verblüfft zunächst die frühe Erwähnung des Wortes im Jahre 1325. Schrille Kriegstrompete, schmetternde Kriegsfanfare. Hinter diesen martialischen Wortgebilden verbarg sich der Operationsnamen „Clarion.“

Rund drei Dutzend der 9.000 angegebenen Flugzeuge warfen ihre Bombenlast am frühen Nachmittag auf Löffingen. Wieder kauerten wir furchtsam im Luftschutzkeller. Als das Bombardement einsetzte und sich immer mehr zu einem trommelnden Inferno steigerte, als das schrille Pfeifen und das markerschütternde, ohrenbetäubende Krachen der einschlagenden Bomben alle Angstschreie und Gebete übertönte, befürchtete ich jeden Augenblick einen Volltreffer auf das die anderen Häuser überragende Rathaus. Ein außerirdischer Beistand schien auszubleiben. Ich hatte ihn auch nicht angefordert. Zu meiner Angst gesellte sich eine kalte Wut. Gottverdammte Bombenwerfer, zur Hölle

Kraterlandschaft im Bahnhofsbereich

mit ihnen. Hilfloses Fluchen gegen kalte, gnadenlose Himmelsboten. Bomber auf Bomber warf eine vernichtende Last auf das hilflose Städtchen. Mitten im Bombenregen entwickelte ich gedanklich phantastische und völlig absurde Abwehrmechanismen. Da schwirrten Magnetfelder und elektrisch steuerbare Flakgranaten wie Kraut und Rüben durch meinen Kopf. Urplötzlich fielen mir aber wieder Mutters Worte ein: „Wir haben es ihnen ja vorgemacht."

Erste Inventur: Am Bahnhof und bei dem Sägewerk Benz hatten die Flugzeuge eine breite Spur der Zerstörung hinterlassen. Drei Personen fanden in der Benzkantine den Tod. Achtzehn Personen wurden verletzt. Alle dem Bahnhof zugewandten Häuser wurden stark beschädigt. Das Maienländer Tor lag keine hundert Meter entfernt. Auch das Pfarrhaus wurde stark beschädigt. Zum Zeitpunkt des Angriffs war es allerdings schon verwaist. Der Pfarrer hatte sich, um die Gefahr der Bahnhofsnähe wissend, zeitig in Seppenhofen einquartiert. Ihm blieb nicht verborgen, dass regelmäßig Munition zum Bahnhof transportiert wurde.

Im Tor war es bitter kalt. Die Verdunkelungsrollos waren keine großen Wärmehilfen. Notdürftig flickte Großvater am Abend die glaslosen Fenster mit Pappe und Sperrholz. Alle Betten waren klamm. In einem Kachelofen wurden Ziegelsteine erhitzt. Mit einem Tuch umwickelt, dienten sie als Wärmespender in den Betten. Erschöpft sanken wir in unser Nachtlager und schliefen ein. Allerdings nicht sehr lange. Gegen 23 Uhr wurden wir wieder geweckt. Der Farrenstall brannte lichterloh. Auch im Sägewerk Benz brannte es. Ein einzelnes Flugzeug warf Phosphorbomben auf die vor neun Stunden angegriffene Stadt.

Dem Brandbombenangriff in der Nacht des 22. Februars begegnete unsere Mutter ohne Panik. Die Gefahr, die von der Bahnhofsnähe unserer Wohnung ausging, ließ sie noch in der Brandnacht handeln. Anastasia, eine entfernte Verwandte mit einem großen Herzen und einem NS-Mitgliedsbuch, wollte uns in ihr kleines Haus am Haslachwald aufnehmen. Im Feuerschein des Farrenstalles machten wir uns auf den Weg. Links ein kleines Köfferchen tragend, betätigte ich mit der rechten Hand eine dynamobetriebene, leise surrende Taschenlampe, die den Weg zu unserer neuen Unterkunft notdürftig beleuchtete. Das Ziel lag einen knappen halben Kilometer entfernt, am Beginn des langgezogenen Haslachwaldes.

Auf dass mein Haus voll werde, dürfte Anastasia geseufzt haben. Denn aus dem bombardierten Freiburg flüchtete bereits ihre älteste Tochter Mathilde, Max, ihr kriegsversehrter Mann und die Kinder Christa und Hans unter ihr Dach. Alban, Mathildes ältester Sohn, wuchs ohnehin bei seiner Großmutter auf. Anastasia Hogg heiratete an ihrem zwanzigsten Geburtstag den fünf Jahre älteren Ernst Keller, den jüngeren Bruder von Großvater Josef. Mit knapp fünfundzwanzig Jahren machte der erste Weltkrieg Anna zur Witwe. Drei Kinder mussten ohne Vater aufwachsen. Später heiratete Anna den zwei Jahre jüngeren Peter Rombach. Als wir bei Rombachs einfielen, waren von den inzwischen acht Kindern, außer Mathilde, nur noch die jüngste fünfzehnjährige Tochter Zita im Haus. Karl, Ernst, Erich und Ewald waren an der Front. Auch Peter Rombach wurde nochmals Soldat. Annemarie und Johanna waren ebenfalls außer Haus. Von Anastasias vier Söhnen kehrten zwei nicht mehr aus dem Krieg zurück.

Oft saßen alle in der Küche zusammen. Bei mildem Winterwetter machten wir es uns auf dem windgeschützten Platz hinter dem Haus auf Bänken bequem. Auf der linken Seite des Hauses war ein Ziegenstall. Fünf dieser wunderbaren, meckernden Vierbeiner schenkten uns Tag für Tag ihre Milch. Später mussten sie, zu meiner großen Bestürzung, auch den Osterbraten liefern. Auf der rechten Seite des Hauses erstreckte sich bis zum Waldrand ein Gemüsegarten. Ein idyllisches Fleckchen Erde in Friedenszeiten. Diese ließen auf sich warten. Noch waren die Tage mit Angst angefüllt. Drei Luftangriffe innerhalb von vier Tagen ließen unseren allgemeinen Spannungszustand nochmals kräftig ansteigen. Zwischen neun und zehn Uhr morgens erschienen regelmäßig Max und Moritz am Himmel. So nannten wir die feindlichen Aufklärungsflugzeuge, die über Löffingen drohend ihre Kreise zogen. Meine Unruhe wuchs jedesmal mit dem Erscheinen dieser unheilverkündenden Himmelsboten. Deren Aufmerksamkeit galt den Bewegungen der Munitionszüge. Obwohl der Bahnhof inzwischen ein Schrottplatz war, blieben die Gleisanlagen intakt. Munition konnte weitertransportiert werden.

Zeitzeugenbericht Elvira Egle-Fischer

Durch den Krieg wurde unsere große Familie früh auseinandergerissen. Meine beiden älteren Brüder mussten an die Ostfront: Arthur in den Kaukasus, Walter nach Smolensk. Meine Schwester Alma wurde kriegsdienstverpflichtet, Irma, die jüngere Schwester, absolvierte den befohlenen Arbeitsdienst. Am 19. Februar, einem Montag, erfolgte der erste Fliegerangriff auf Löffingen. Zu diesem Zeitpunkt wohnten wir mit neun Personen in unserem Haus in der Seppenhofener Straße. Vater Anselm, Mutter Elsa, meine jüngeren Brüder Kurt, Lothar, Gerd und Heinz, meine Kusine Elisabeth aus Neuenburg am Rhein und ich, damals 20 Jahre alt. Felix, ein Zwangsarbeiter aus Polen, war ebenfalls bei uns einquartiert. Er arbeitete bei meinem Vater im Glasereibetrieb.

Der Luftangriff vom 19. Februar stellte meinen Vater und seine Glaserei vor schwer lösbare Probleme: Der minimale Bestand an Fensterglas stand in keinem Verhältnis zu der Größe der entstandenen Glasschäden. Der 22. Februar steigerte das Dilemma. Viele glaslose Fenster ließen die eisige Winterkälte ungehindert in die Wohnungen dringen. Glücklich die Besitzer großformatiger Bilder. Gefahrenabwendende, kinderschützende Brückenengel und zum Brunstschrei ansetzende Hirsche blieben oft für lange Zeit glaslos im Bilderrahmen stehen. Durch Bilderglas, Sperrholz und Pappe wurden die Fenster notdürftig geflickt. Mein Vater und Felix hatten viel zu tun.

Der Angriff vom 19. Februar machte uns allen klar, dass unser Haus und die Werkstatt nur einen Steinwurf von der Bahnlinie entfernt, unmittelbar gefährdet waren. Daher machten sich am Dienstagmorgen und an den folgenden Tagen meine Mutter mit den vier Buben auf den Weg in den Haslachwald. Vater und Felix arbeiteten weiter in der Werkstatt oder vor Ort, meine Kusine Elisabeth und ich blieben im Haus und waren für das Es-

sen zuständig. Mittags brachten wir das Essen, meistens gab es Suppe, in den Wald. Bei Fliegeralarm rannten Elisabeth und ich zu einem ungefähr 30 Meter unterhalb unseres Hauses befindlichen Geländegraben. So auch am Donnerstag, 22. Februar, als der Großangriff auf das Bahngelände und Sägewerk die Erde und uns minutenlang erzittern ließ.

Dem Bombardement folgte in der Nacht ein Angriff mit Brandbomben. Phosphor verwandelte das durch Sprengbomben zerstörte Sägewerk Benz in ein Flammenmeer. Auch der Farrenstall brannte lichterloh. Hellwach saßen wir in großer Runde zusammen. Hindenburglichter erhellten notdürftig den Raum. Nach Mitternacht brachte mein Vetter Franz Egle, der seinen Bruder Fritz in Stalingrad verlor, einen holländischen Zwangsarbeiter zu uns ins Haus. Von Franz erhielten wir die ersten Informationen über den nächtlichen Brandbombenangriff. Sein Vater Josef bewahrte das eigene Anwesen im so von uns genannten „Äckret" vor der Vernichtung, indem er die auf das Dach fallenden Phosphorbomben auf die Straße warf, bevor sie ihre zerstörerische Wirkung entfalten konnten. Auch der Messner und Schneidermeister Wehrle bewahrte die katholische Kirche vor weiterem Schaden. Die durch das Kirchendach eingeschlagenen Brandbomben beförderte er ebenfalls mutig auf den Kirchhof. Alle Bullen des Farrenstalles wurden aus dem brennenden Gebäude gerettet. Hier war für die Helfer die Gefahr besonders groß, entweder von einem brennenden Balken erschlagen oder von einem in Panik geratenen Tier erdrückt zu werden. Der holländische Zwangsarbeiter Letiveld mußte in der „Säge" Munitionskisten fertigen. Damit war es vorbei. Bis zum Kriegsende half der Holländer meinem Vater bei den mühseligen, notwendigen Fensterreparaturen.

Zeitzeugenbericht Hans Hasenfratz

Die ganze Familie machte sich nach dem Angriff vom 19. Februar an das Aufräumen und Reparieren. Aus alten Bildern wurde das Glas heraus genommen, um es in die Fenster zu setzen. Noch offene Fensterstellen wurden mit Brettern zugenagelt.

Am Donnerstag, den 22. Februar, gab es fast zur gleichen Zeit wie am Montag erneut Fliegeralarm. Mit großer Angst im Nacken ging es wieder in den Keller von Wagner Schelling. Kaum hatten alle Schutzsuchenden ihren Platz gefunden, als ein langandauerndes Bombardement die Erde erzittern ließ. In drei Wellen anfliegend, zerstörten amerikanische Bomber das Sägewerk Benz und das gesamte Bahnhofsgelände. Am Bahnhof lag Bombentrichter an Bombentrichter. Unser Luftschutzbunker lag ungefähr 150 bis 250 Meter Luftlinie entfernt. Wieder waren tote und verletzte Menschen zu beklagen. Warum wurde Löffingen das Ziel eines solch massiven Luftangriffs? Der erste Grund: Am Balmhof wurde nachts Munition ausgeladen und im Stadtwald deponiert. Diese Arbeit verrichteten Kosaken. Sie waren im Stall von Viehhändler Krieg in der Hafnergasse, also in unserer unmittelbaren Nachbarschaft stationiert. Mit Pferdegespannen wurde die heiße Fracht in den Wald gefahren, wie Holzstapel aufgeschichtet und mit Reisig abgedeckt. Der zweite Grund für die fürchterliche Bombardierung dürfte in der Produktion des Sägewerkes Benz gelegen haben. Dort wurden Munitionskisten hergestellt.

Auf den Schock am Nachmittag folgte ein zweiter in der Nacht. Ein einzelnes Flugzeug warf gegen 23 Uhr Brandbomben über der Ruinenstätte ab. Neben der Kistenfabrik wurde auch der Farrenstall getroffen. Beide brannten lichterloh. Auf Kochs Haus in der Hafnergasse, auf die Kirche und den Dachboden der Festhalle fielen ebenfalls Brandbomben. Beherzte Bürger konnten diese rechtzeitig entfernen, so dass ein Großfeuer vermieden wurde.

Zeitungsbericht „Südkurier" 22. Februar 1995

Vor einem halben Jahrhundert ging eines der dunkelsten Kapitel deutscher Geschichte zu Ende: Das Dritte Reich versank in Schutt und Asche, der "totale Krieg" erfasste nicht nur die kämpfende Truppe, sondern auch die Zivilbevölkerung. Die Lufthoheit war gebrochen, so kam die Gefahr für die Bevölkerung meist aus der Luft, auch in Löffingen. Heute vor 50 Jahren kam es zu einem der schwersten Luftangriffe auf die Baarstadt, der große Teile verwüstete. Man fragt sich zunächst, warum so viele Angriffe auf Löffingen geflogen wurden. Diese Frage ist leicht zu beantworten, denn oben im Wald war ein großes Munitionslager zwischen den Tannen versteckt. Dass dieses Geheimnis nicht verborgen bleiben konnte, war klar, denn irgendwie musste von Löffingen aus diese Munition an die kämpfende Truppe weitergegeben werden, und dies geschah vielfach vom Bahnhof Löffingen aus.

Laut Gemeindearchiv wurde der erste Angriff am 19. Februar 1945, um 14:30 Uhr verzeichnet. Es wurden vermutlich Bomben von Jagdbombern abgeworfen, dazu kam Bordwaffenbeschuss. Da man bis dahin die überfliegenden Jagdbomber nicht sehr beachtete, war der Schrecken und die Angst sehr groß. Man flüchtete in die Keller, in die eiligst aufgeworfenen Splittergräben, die meist mit Erde überdacht waren. Manche flüchteten auch in die Hecken der Umgebung und bauten sich dort einen behelfsmäßigen Schutz auf. Am Abend des 19. Februar waren vier Tote und eine große Anzahl Verwundeter zu beklagen. Zwei Häuser erlitten Totalschaden, sieben Häuser wurden schwer und über 70 Häuser leicht beschädigt. Dazu kam großer Glasschaden. Dächer wurden abgedeckt, aber auch Wasser- und Stromleitungen wurden getroffen und stark beschädigt. Noch hatten die spärlich in der Heimat befindlichen Hilfskräfte alle Hände voll zu tun, da kam bereits am 22. Februar ein Großangriff mit rund 40 schweren Bomben. Das Gelände am Bahnhof glich danach einem Kraterfeld.

Der General Wlassow

Nur 36 Stunden nach unserer überraschenden Nachtwanderung „an die Haslen“ rannten wir sirenengescheucht abermals los. Diesmal in massiver Gruppenformation. Ziel war der alte Schießstand hinter dem Sportplatz. Der Schießstand befand sich in einem fließenden Übergang von einer bröckelnden Ruine zu einer besseren Müllkippe. Das Dach fehlte fast völlig, weitgehend auch Sitzgelegenheiten. Ein paar alte Holzkisten lagen in dem ungefähr 25 Meter langen, von soliden Betonwänden begrenzten Graben des Schießstandes. Männerdominiert entbrannte bald eine gewichtige Diskussion über die Sicherheitschancen unseres vier Meter breiten Schutzraumes. Man einigte sich schließlich darauf, dass nur ein Volltreffer uns den Garaus machen könnte. Mit fiel dazu noch eine Jagdbombervariante mit Bordwaffenbeschuss ein, die ich jedoch für mich behielt. Frauen begannen noch vor der bald einsetzenden Bombardierung vorsichtshalber zu beten an. Der natürliche Schutz des Schießstandes schien ihnen bei weitem nicht ausreichend. Wie durch ein Wunder kamen an diesem Tag keine Menschen zu Tode. Sollte ein inständiges Gebet doch helfen? Jagdbomber warfen immerhin 16 Bomben auf die Schwarzwaldstadt. Zwei Häuser wurden total, 16 Häuser schwer zerstört.

Die Angriffsintervalle wurden immer kürzer. Acht schwere Bomber griffen erneut den Bereich Löffingen an. Vermutlich sollte das Munitionslager im Wald getroffen werden. Nach wie vor transportierten Kosaken mit Pferdefuhrwerken Munition aus dem Wald an den Bahnhof. Die große Festhalle, hundert Meter von unserer Wohnstätte entfernt, beherbergte zweihundert sogenannte Volksdeutsche aus Osteuropa. Ein Gebäudekomplex wie die Festhalle konnte aus Alliiertensicht auch der Stationierung von Soldaten dienen. Sah man nicht auch SS in der Stadt? Vermutlich waren es diese Überlegungen, die den Plan reifen ließ, weiter hinten im Haslachwald einen Schutzgraben auszuheben. Großvater machte sich unverzüglich ans Werk. Als Totengräber war er im Erdaushub geübt.

Mit Proviant versehen, machten wir uns täglich um zehn Uhr auf den Weg zum Graben. Manchmal brachte Anna zur Mittagszeit Eintopf. Sie beteiligte sich nicht an unseren Tagesausflügen, sondern blieb bei ihren Ziegen. „Dem Mutigen gehört die Welt“ könnte ihr Wahlspruch gewesen sein. Auch unsere Angst wich im Wald allmählich. Klaustrophobie, ein Wort das ich selbstverständlich damals noch nicht kannte, ist offensichtlich ein Bestandteil der schlimmen Angst in Luftschutzkellern. Neben einem Denkmal von „Turnvater Jahn“ erhielt unsere Flucht Picknickcharakter. Frisch, fromm, fröhlich, frei fühlte ich mich nicht, aber eine größere Gelassenheit machte sich bemerkbar.

Bevor wir täglich zum Schutzgraben zogen, streunten Alban und ich noch in der näheren Umgebung umher. Hinter der Festhalle trafen wir überraschend auf eine Gruppe älterer Jungen. Es waren „Volksdeutsche“. Von ihnen hörten wir erstmals einen Namen, der uns bisher unbekannt war. Wlassow, General Wlassow. Es war „ihr“ General. Die Jungen ließen keine Fragen offen. Der General Wlassow, so ihre Botschaft, wird mit seiner Freiwilligenarmee Seite an Seite mit den Deutschen die Bolschewisten besiegen. Alban und ich standen mit offenem Mundwerk da. Russen gegen Russen. Sollte der verdammte Krieg ewig weitergehen? Mut machte mir die Tatsache, dass sich alle Propagandanachrichten meist in Nichts auflösten.

Einige Wochen später marschierten die Franzosen in Löffingen ein. Wieder trafen wir unsere „volksdeutschen Verbündeten“ im Haslachwald. „Hitler kaputt, Deutschland kaputt“ jubelten sie. Seit dieser Zeit wusste ich mit dem Wort Opportunismus etwas anzufangen. Zur Abrundung meiner neuen Erfahrungen trug meine Mutter bei, als sie über einen Angehörigen des Bäckerhandwerkes ein Urteil fällte: „Der hängt se Mäntele immer ide Wind.“

Viele Jahrzehnte später fiel mir die Wlassow-Geschichte wieder ein. Sie ist schnell erzählt. Als der General Wlassow in deutsche Kriegsgefangenschaft geriet, diente er sich Himmler an. Mit einer Freiwilligenarmee wollte er Seite an Seite mit der deutschen Wehrmacht gegen die Sowjetunion kämpfen. Auf dem Truppenübungsplatz Münsingen auf der schwäbischen Alb erfolgte die Ausbildung und Ausrüstung der Truppe. Sie wurde am 16. Februar 45 ihrem Befehlshaber übergeben. Die 1. russische Wlassow-Division in deutscher Uniform kam jedoch nicht mehr zum Einsatz. Einem deutschen Marschbefehl an die hart umkämpfte Front am Oderbruch kam sie nicht nach. Der russische General Wlassow wurde von den Amerikanern gefangengenommen und an die Sowjetunion ausgeliefert. Dort wurde er zum Tode verurteilt und hingerichtet.

Odyssee zwei

Wie desertiert man? Keine alltägliche Frage. Karl stieg jedenfalls am 18. Februar 1945 in Löffingen in voller Montur, wahrscheinlich ohne Tropenhelm, in einen Zug Richtung Neustadt-Freiburg. Das Höllental hat er jedoch nicht erreicht. Er fuhr nur bis Rötenbach. Dort verließ er den Zug.

Verbände der 19. deutschen Armee hielten bis zum 9. Februar noch einen Brückenkopf westlich des Rheins im Raum Colmar. Nach der Aufgabe dieses Brückenkopfes wurde die Armee rechtsrheinisch im Abschnitt Basel - Karlsruhe eingesetzt. Karl wollte diese Armee nicht verstärken. In Rötenbach verließ er unauffällig den Zug und ging bei Dunkelheit ins Harris zurück. Sein Vater brachte ihm einen Tag später die Zivilkleidung an die verabredete Stelle im Wald.

Ein Jaboangriff am 14. März auf einen Militärzug könnte für Karl der Anlass gewesen sein, nach einem Monat das so sicher scheinende Versteck zu verlassen. Aus einem einsamen Flecken wurde ein heisser Boden, als Untersuchungsbeamte einen liegengebliebenen Zug in der Nähe des Bahnwärterhäuschens in Augenschein nahmen.

Ebenfalls am 14. März wollte Anna auf ihrem Feld nahe der Wallfahrtskirche Schneekreuz Kartoffeln pflanzen. Von Nachbarn lieh sie sich Wagen und Zugtier. War es ein Pferd, war es ein Ochse? In jedem Fall ein mutiges Tier, wie sich später zeigen sollte.

Anna, Mutter, Alban und ich zogen zwischen neun und zehn Uhr mit unserem Gefährt los. Über den Alenberg kamen wir auf die Maienländer Straße, die Kirche des Schneekreuzes schon im Blickfeld. Blauer Himmel breitete sich über die erwachende Natur. Als wir das letzte Haus auf der linken Seite erreichten, riss uns Motorenlärm aus vielleicht ersten schüchternen Frühlings- oder Friedensträumen. Die immer wieder auftauchenden Meldungen über Jabos, die Bauern über die Felder scheuchten und sie zusammen mit dem Vieh erschossen, hatte ich vermutlich verdrängt. Sensibel registrierten vier Ohrenpaare das Donnergetöse von ein paar Jagdbombern. Anna und Mutter rannten in das letzte Haus. Alban warf sich unter den Wagen. Stoisch blieb das vor den Wagen gespannte Tier stehen. Auf der rechten Seite gehend, war meine nächste Deckung ein Baum neben der ersten Kreuzwegstation. Hinter ihm beobachtete ich, was in den nächsten Sekunden passierte. Die Jabos hatten es nicht auf uns abgesehen. Vom Bahnhof Löffingen kommend, tauchte ein Zug auf. Auf halber Strecke zwischen unserem Standort und der Wallfahrtskirche feuerten die in etwa 50 Meter Höhe fliegenden Jagdbomber mit ihren Bordwaffen auf den Zug. Wie ein waidwundes Vieh gab die Lokomotive pfeifende Warntöne von sich.

Als der Zug zum Stehen kam, waren zwei Soldaten und der Zugführer tot. Kartoffeln haben wir keine mehr gepflanzt. Nach dem Krieg erinnerten mich manchmal Szenen von Wildwestfilmen mit wilden Verfolgungsjagden auf Planwagen an das Frühjahr 1945. Die Kräfteverhältnisse waren allerdings im Wilden Westen ausgeglichener.

Henkershaus, Galgenbühl und Mörderkreuz sind bekannte Flurnamen in der Nähe des Bahnwärterhäuschens. Empfindsame Naturen würden bei Kenntnis der damit verbundenen Geschichten die Gegend wahrscheinlich meiden. Für Karl waren nicht die Schreckensnamen, sondern ein im Krieg erworbener Instinkt der Auslöser, nach relativ ruhigen Wochen seinen bisher sicheren Zufluchtsort zu verlassen. Die Gefahr der Entdeckung für ihn und seinen Bahnwärterfreund schien größer geworden zu sein. Auf einem Fußmarsch mit dem Endziel Schwenningen wurde Karl in Bräunlingen noch einige Tage von einer Freundin aufgenommen. Auch in Bräunlingen wurde ihm bald der Boden zu heiss. Das ersehnte Kriegsende verzögerte sich. In den ersten Apriltagen, zu später Stunde, ertönte in der Schwenninger Sturmbühlstraße die Wohnungsklingel der Familie „Fuß". Als Luise öffnete, sahen sich Bruder und Schwester nach langer Zeit wieder. Erika, die sechsjährige Tochter schlief bereits. Karl trug Zivil. Zwei Tage wusste Luise nicht, dass Karl auf der Flucht war. Er beruhigte sie mit einer Krankenscheingeschichte. Für den Fall einer Festnahme wäre es für seine Schwester besser gewesen, wenn sie einem Wehrmachtsdeserteur ahnungslos Unterschlupf gewährt hätte. Nach zwei Tagen wurde die neun Jahre ältere Schwester misstrauisch. Ihren Fragen gegenüber konnte Karl seine tatsächliche Situation nicht mehr verheimlichen. „I han vom Barras die Schnauze gschtriche voll." Beide verabredeten, dass er übernachten konnte, tagsüber aber außer Haus blieb. Frühmorgens aus dem Haus schleichen, spätabends zurück. Welchen Mut Luise aufbrachte, um ihren Bruder zu schützen, kann nur ermessen, wer die Nazi-Zeit mit ihrer brutalen Justiz kennenlernen musste. Mit Deserteuren wurde meist kurzer Prozess gemacht, ihren Helfern drohte Gefängnis oder Konzentrationslager.

Neun Tage dauerte das lebensgefährliche Versteckspiel. Neun Tage Angst auf beiden Seiten. Karl hatte mit einem schnelleren Kriegsende gerechnet. Von der wochenlangen Flucht mit riesigen Fußmärschen entkräftet, fasste Karl den verhängnisvollen Entschluss, mit der Bahn von Villingen nach Schwenningen zu fahren. Die Sperre in Schwenningen hatte er schon passiert, als ein scharfer Ruf erfolgte. „He Sie, kommen sie einmal her, ja Sie." Zwei Kettenhunde nahmen sich seiner an.

Am folgenden Tag trat Luises Ehemann Karl, Soldat in einer naheliegenden Fernmelde-Kompanie, einen Kurzurlaub an. In Rottweil wartete er auf den Zug nach Schwenningen. Am benachbarten Gleis erwarteten Reisende den Zug in Richtung Stuttgart. Karl sah Karl in der Bewachung von zwei mit Blechketten dekorierten Wehrmachtsangehörigen. „Was ist los?" fragte Luises Mann, als er seinen Namensvetter erblickte. „Se hon me gschnappt und bringet me nach Schtuttgart." Kürzer und treffender war die bedrohliche Situation in Verbindung mit knappen Kopfwendungen zu den beiden Bewachern nicht zu erklären. Ein weitergehender Dialog wurde unterbunden. Nach kurzer Zeit fuhren die beiden Namensbrüder in entgegengesetzter Richtung von Rottweil ab.

Nach einem Bericht des inhaftierten Antifaschisten Willi Bohn erfolgte die Räumung des Gestapo-Hauptquartiers in Stuttgart am 17. April. Hatte das Karls Leben gerettet? Kurz hinter Rottweil gelang es ihm, aus dem Zug zu springen und zu flüchten. Hätten die beiden Bewacher den Zug angehalten, wäre er schnell wieder eingefangen worden. Befiel Defätismus auch sie? Karl schlug sich trotz schmerzendem Knöchel bis in die Gegend von Hüfingen durch. Dort wurde er von französischen Truppen gefangengenommen. Einige Monate musste er in einem belgischen Kohlebergwerk arbeiten. Im September 45 kehrte er nach Löffingen zurück. Schon bald war er wieder auf dem Fußballplatz. Beinhart, nach wie vor, seine Spielweise.

Himmler im Tunnel

Als der achtjährige Karl Volk aus Gremmelsbach mit seiner Mutter an einem Samstag ins tiefergelegene Triberg ging, trafen sie dort Elisabeth Sailer aus Nußbach. Es war der erste oder zweite Samstag im Januar 1945. Am zweiten Januar erfolgten schwere Luftangriffe, nicht allzuweit von Triberg entfernt. Bei dem zufälligen Treffen kam es zu einem kurzen Gespräch der beiden Frauen, in dessen Mittelpunkt die Frage stand, ob auch mit Luftangriffen auf Triberg zu rechnen sei. Es gab ein Ereignis im Tal, die das befürchten ließ. Das im Flüsterton geführte Gespräch beendete die Frau aus Nußbach mit dem geheimnisvollen Hinweis „Gell seller Bsuech!“ Neugierige Ohren des Achtjährigen. Er verstand, was gemeint war.

Ein Mann mit ungeheurer Machtfülle

An welchem Tag der Reichsführer SS, Heinrich Himmler, in Triberg ankam und wie lange er blieb, ist bis heute nicht datiert. Jungfräulich die Rathausakten der Stadt. Nicht der geringste Hinweis war auffindbar über den Tribergaufenthalt des zweitmächtigsten Mannes im NS-Staat.

Himmler wurde am 20. Juli 1944 Befehlshaber des Ersatzheeres. Chef des Volkssturmes wurde er am 25. September, Kommandeur der „Heeresgruppe Oberrhein" am 10. Dezember. Strittig ist, wann Himmler erstmals in Triberg auftauchte. Unstrittig dagegen: Befehlsstand war ein Eisenbahnzug, geparkt am Triberger Bahnhof. Hinter der Lokomotive, auf einen flachen Güterwagen montiert, sollte eine Vierlingsflak feindliche Flugzeuge abwehren.

Der Historiker Karl Volk: „Ein besseres Versteck für einen NS-Prominenten als einen Eisenbahnzug auf dem Bahnhof in Triberg gab es vermutlich im ganzen deutschen Reichsgebiet nicht. Das enge Gutachtal, die hohe Felswand am Bahnhof und der Wald machten es beim damaligen Stand der Waffentechnik gegnerischen Flugzeugen nahezu unmöglich, ein solches Ziel zu treffen. Neben dem topographischen, bildeten die Tunnels in unmittelbarer Nähe oberhalb und unterhalb des Bahnhofes den zweiten Sicherheitsfaktor. Der 'Kleine Triberger' bot mit einer Länge von 92 Meter keinen Schutz für die 300 Meter lange Wagenreihe. Bei Gefahr fuhr der Zug entweder aufwärts in den ‚Großen Triberger' oder abwärts in das Großhaldentunnel. Von Spöttern bald in Großheldentunnel umgetauft."

Der Schriftsteller Alfred Andersch, 1914, kurz vor Beginn des ersten Weltkrieges geboren, war ein Schüler von Heinrich Himmlers Vater, der Oberstudiendirektor am Wittelsbacher Gymnasium in München war. In seiner Erzählung „Der Vater eines Mörders" beschreibt Andersch sein, auch durch Faulheit bedingtes, unglückliches Verhältnis zu dem Griechischlehrer Himmler. In einem „Nachwort für Leser" äußert sich der Autor zu dem Himmler-Komplex: „Angemerkt sei nur noch, wie des Nachdenkens würdig es doch ist, dass Heinrich Himmler - und dafür liefert meine Erinnerung den Beweis - nicht wie der Mensch, dessen Hypnose er erlag, im Lumpenproletariat aufgewachsen ist, sondern in einer Familie aus altem, fein gebildetem Bürgertum. Schützt Humanismus denn vor garnichts?"

Ein Schwarzwälder Holzbildhauer prägte den bedenkenswerten Spruch: „Man muss das Leben aus dem Holz schnitzen, das man zur Verfügung hat." Die drei Himmlersöhne Gebhard, Heinrich und Ernst schienen mit identischer Holzqualität versehen worden zu sein. Alle drei schnitzten frühzeitig SS-Runen in ihr Leben. Der Oberstudiendirektor sprach in einem Brief an Heinrich von „herrlichen schwarzen Kolonnen, die Dein Werk sind."

Andersch in seinem „Nachwort für Leser": „Die Bezeichnung Mörder für Heinrich Himmler ist milde; er ist nicht irgend ein Kapitalverbrecher gewesen, sondern soweit meine historischen Kenntnisse reichen, der größte Vernichter menschlichen Lebens, das es je gegeben hat."

Er allein? Hatte er nicht viele Mordgesellen an seiner Seite?

Der „Freundeskreis Heinrich Himmler" begrüßte schriftlich die Ernennung Himmlers zum Reichsminister des Inneren am 27. August 1943. In einem Schreiben kündigte der Kölner Bankier Kurt Freiherr von Schröder im Namen des Freundeskreises finanzielle Unterstützung an.

Mein sehr verehrter Reichsführer!

Mit aufrichtiger Freude habe ich Ihre Ernennung zum Reichsminister des Inneren begrüßt und erlaube mir, Ihnen meine herzlichsten Glückwünsche zur Übernahme dieses Amtes zu übermitteln. Eine starke Hand ist jetzt für die Führung dieses Ministeriums sicher sehr notwendig, und es wird deshalb allseitig, insbesondere aber von Ihren Freunden, dankbar empfunden, dass der Führer Ihnen diese Aufgabe übertragen hat. Seien Sie auch versichert, dass wir immer und jederzeit alles tun werden, was in unseren Kräften steht, wenn wir Ihnen behilflich sein können.

Es ist mir eine Freude, Ihnen bei dieser Gelegenheit melden zu können, dass Ihr Freundeskreis Ihnen auch in diesem Jahr wieder einen Betrag von etwas über einer Million RM für Ihre besonderen Aufgabengebiete zur Verfügung gestellt hat. Eine genaue Aufstellung über die Zusammensetzung dieses Betrages werde ich Ihnen in Kürze übermitteln.

Mit vielen herzlichen Grüßen und nochmaligen guten Wünschen – auch Namens meiner ganzen Familie – verbleibe ich, mein Reichsführer, in alter Treue und Verehrung

Heil Hitler!
Ihr sehr ergebener v. Schröder, SS-Brigadeführer

Schreiben v. Schröder vom 21. September 1943 an Heinrich Himmler mit Spendenliste des Freundeskreises auf das „Sonder-Konto S".

Sehr geehrter Reichsführer!

Für Ihren liebenswürdigen Brief vom 14. ds. Mts., mit dem Sie mir eine große Freude gemacht haben, danke ich Ihnen bestens.

Gleichzeitig übersende ich Ihnen anbei eine Liste mit dem Gesamtergebnis der Ihnen in diesem Jahre zur Verfügung gestellten Beiträge Ihres Freundeskreises, abschließend mit einer Summe von RM 1.100.000. Wir freuen uns aufrichtig, Ihnen damit bei Ihren besonderen Aufgaben eine gewisse Hilfestellung leisten und Ihnen bei Ihrem wieder vergrößerten Aufgabenkreis eine kleine Entlastung zuteil werden lassen zu können. Indem ich Ihnen, mein sehr verehrter Reichsführer, weiter alles Beste wünsche, verbleibe ich in alter Treue und Verehrung mit

Heil Hitler!
Ihr sehr ergebener v. Schröder, SS-Brigadeführer

Firmenbeiträge auf das „Sonder-Konto S" im Jahre 1943

Siemens-Schuckertwerke AG / IG Farbenindustrie AG
Mitteldeutsche Stahlwerke GmbH
Deutsche Bank / Ilseder Hütte / Dresdner Bank
Deutsch-Amerikanische Petroleum-Gesellschaft
Dr. August Oetker / Reichs-Kredit-Gesellschaft AG
Commerz- und Privatbank AG / Rheinmetall Borsig AG
Hermann-Göring-Werke/Wintershall Aktien-Gesellschaft
Vereinigte Stahlwerke AG / Braunkohle-Benzin AG

Himmler, in den eigenen Reihen zu vorgerückter Stunde wenig respektvoll „Reichsheini“ genannt, hatte nicht wenige Macken. Sein Sterndeuter hieß nicht Seni, sondern Wulff und kam aus Hamburg. Als während des Krieges Naturkautschuk zur Gummiherstellung knapp wurde, machte Himmler auf die Wolfsmilch aufmerksam, die „in ihrem Saft eine noch stärkere Klebrigkeit hat, wie der Löwenzahn mit seiner Milch.“ Einen hohen NS-Medizinmann verblüffte er mit der Erkenntnis, „Wohl mit der Einführung des Schildes, der die linke Körperhälfte, nämlich die Herzseite deckte, ist die Menschheit zur Rechtshändigkeit übergegangen.“ Eine Anweisung vom 30. September 1940: „Ich ersuche Vorsorge zu treffen, dass die gesamte SS und Polizei im Laufe des Winters den Film ‚Jud Süß‘ zu sehen bekommt.“ Das SS-Werk „Ahnenerbe e.V.“ erhielt am 9. Oktober 1942 folgenden Auftrag: „Gelegentlich eines Ge-

sprächs machte mich der Reichsmarschall darauf aufmerksam, dass er bemerkt habe, dass an früheren Hinrichtungsstätten heute noch die Raben im besonderen Maße kreisen oder sich dort niederlassen. Ich ersuche, dieser Frage nachzugehen, wenn nicht jetzt, so doch im Frieden."

Wozu, könnte man fragen, gibt es den Nußbacher Galgen? Die Rabenfrage wäre mit einer kleinen Wanderung durch das „Schelmenloch" zum Galgengerüst noch während des Krieges zu lösen gewesen.

Martin Bormann, der Sekretär Hitlers, gab in einem Brief an seine Frau den Standort Himmlers preis: „Er selbst saß im Schwarzwald in seinem Sonderzug, der bei jeder Luftwarnung in einen Tunnel geschoben wurde. Fast überflüssig hinzuzufügen, dass Himmler sich nicht an die Front begab, sondern seine schneidigen Befehle nur aus sicherem Port erteilte."

Ein sicherer Port war tatsächlich der Himmlerzug. Der Historiker Karl Volk: „Der Sonderzug mit dem Salonwagen, in dem Himmler arbeitete, war hermetisch abgeriegelt. Für den öffentlichen Verkehr gesperrt war das Bahnhofsgelände von der Güterhalle an bahnabwärts. Der Aufenthalt im Bahnbereich war verboten. Fahrgäste wurden kontrolliert und mussten so schnell wie möglich das Bahngebiet verlassen." Einigen Arbeitern wurde es trotzdem möglich, den Zug kurz einzusehen. Ihre Aussage: „In Triberg begegneten wir vor einem Tunnel dem Befehlszug Heinrich Himmlers. Jeweils vor und hinter der Wagenreihe war eine Lokomotive angekoppelt, so dass auch bei Ausfall einer Maschine jederzeit in den Tunnel gefahren werden konnte. Himmler stand, umgeben von einigen Offizieren, wahrscheinlich an einem Kartentisch. So genau konnten wir das aber nicht sehen."

Ordensburgplaner Himmler und Speer

Termine des Reichsführers-SS am 3.12.1944

13.45 Uhr	Fahrt in den Ort Triberg Besichtigung eines Kugelbunkers
14.15 Uhr	Essen mit General Balk
15.15 Uhr	General Balk
17.00 Uhr	SS-Gruppenführer Ostendorf
19.00 Uhr	SS-Standartenführer Bender SS-Sturmbannführer Killing
20.00 Uhr	SS-Hauptsturmführer Kloskowski Eichenlaubverleihung
20.30 Uhr	Essen mit SS-Obersturmbannführer Becher SS-Obersturmbannführer Eichmann SS-Hauptsturmführer Kloskowski
21.15 Uhr	SS-Obersturmbannführer Becher SS-Obersturmbannführer Eichmann

Abgeworfene Flugblätter mit der Aufschrift „Triberg im Loch, wir finden dich doch", ließen darauf schließen, dass die Alliierten über Himmlers Aufenthaltsort Bescheid wussten. Die Zugbesatzung musste das aber nicht sonderlich beunruhigen. Das Essen mit seinen SS-Leuten nahm Himmler regelmäßig im Hotel „Wehrle" und nicht im Zug ein. Triberg war eine Lazarettstadt.

Für den 3. Dezember wurde Adolf Eichmann zu Himmler nach Triberg befohlen. Im Beisein von SS-Obersturmbannführer Becher kam es zu einer schweren Auseinandersetzung über die Behandlung von Juden. „Herr Himmler hat in meinem Beisein Herrn Eichmann zehn Minuten empfangen und ihn angeschrieben: ‚Wenn Sie bisher Juden ermordet haben und ich Ihnen jetzt befehle, Juden zu pflegen, dann erklären Sie mir, ob Sie diesen Befehl von mir ausführen oder nicht!' Herr Eichmann sagte ‚Jawohl Herr Reichsführer' und versteinerte."

Während seines Verhörs in Israel spielte Eichmann auf die Befragung seiner Ermittler die Dramatik der Auseinandersetzung herunter. „Das ist erlogen von A bis Z!"

Die Mühle des Haldenhofes war Himmlers Wohnbereich. Sie stand an einem Abhang auf Schonacher Gebiet. Ein Triberger Zimmermann musste die „Himmlermühle" in kürzester Zeit für den Reichsführer und seine Adjudanten einrichten. Die gesamte SS-Streitmacht in Triberg betrug maximal 150 Mann. Die Träger des „Ordens mit dem „Totenkopf" waren im Stadtbild überall zu sehen. Himmler wechselte immer wieder seinen Aufenthaltsort. Auf der Katherinenhöhe traf er den Gauleiter von Baden, Robert Wagner, der sich dort zeitweise eingenistet hatte. Ein Furtwangener Junge hörte seinen Großvater sagen: „Wenn das wahr ist, gehe ich mit der Axt hin." Wagner war für die Deportationen der Juden in Baden und im Elsaß verantwortlich und verhasst. 1945 forderte er von der Bevölkerung „Widerstand bis zum letzten Küchenmesser." Gegen einen Axtangriff hätte der Gauleiter, auch mit einem Küchenmesser als Verteidigungswaffe, wahrscheinlich keine Chance gehabt. Ob die Drohung auch Himmler betraf, wurde nie geklärt. Wagner tauchte im April unter und arbeitete als Knecht in einem Bauernhof bei Tuttlingen. Im Juli erfolgte seine Verhaftung. Im Mai 1946 wurde er in Straßburg zum Tode verurteilt und standrechtlich erschossen.

Im Dezember 44 und im Januar 45 fuhr Heinrich Himmler mit einer schwarzen Tatra-Hecklimousine mehrmals nach Trossingen zu Fritz Kiehn. Freundschaftsbesuche und mehr. Der Besitzer der Efka-Werke, Zigarettenpapierfabrikant und SS-Obersturmbannführer, trat 1930 in die Partei ein und galt als einer der größten Geldgeber der württembergischen NSDAP. Schon vor 1933 wehte die Hakenkreuzfahne auf seiner Fabrik.

Bei der Suche nach einem Gästehaus in der Nähe Tribergs, fiel die Wahl auf die Villa Kiehn an der Trossinger Deibhalde. „In Stellvertretung des Führers" verlieh hier Himmler Orden an Offiziere, die von der Ostfront kommend, sich die Ehrenzeichen an die Brust heften ließen. Zu einem Eklat kam es allerdings vor der Ordensverleihung, als Himmler die zu Ehrenden aufforderte, ihre Waffen abzugeben. Nach deren Protest durften die Offiziere ihre Waffen jedoch behalten. Das gegenseitige Misstrauen, hier SS, dort Wehrmacht, war spürbar.

Über einige Wochen empfing Himmler in der Trossinger Villa prominente Gäste. Auch die Witwe von Heydrich fand sich dort ein. Gefeiert wurde ebenfalls. Ein paar Trossinger Bürger empörten sich über stattfindende Trinkgelage.

Termine des Reichsführer-SS am 5.1.1945

04.10 Uhr	Ankunft Triberg
13.00 Uhr	SS-Gruppenführer Ostendorf
13.20 Uhr	Lage
14.45 Uhr	Essen mit SS-Obergruppenführer Pohl SS-Obergruppenführer Heißmeyer SS-Obergruppenführer Hofmann SS-Brigadeführer Görlitz SS-Gruppenführer Klopfer SS-Sturmbannführer Rußland
16.30 Uhr	SS-Gruppenführer Klopfer
17.00 Uhr	SS-Obergruppenführer Heißmeyer
18.30 Uhr	SS-Obergruppenführer Heißmeyer SS-Gruppenführer Klopfer SS-Brigadeführer Görlitz SS-Obergruppenführer Pohl SS-Standartenführer Dr. Brandt
20.30 Uhr	Essen mit SS-Obergruppenführer Heißmeyer SS-Gruppenführer Klopfer SS-Brigadeführer Görlitz SS-Obergruppenführer Hofmann
22.30 Uhr	SS-Obergruppenführer Hofmann
23.45 Uhr	SS-Obergruppenführer Pohl SS-Gruppenführer Ostendorf

Zunehmender Realitätsverlust kennzeichnete Himmlers Versuch, über Graf Falke Bernadotte, einem Verwandten des schwedischen Königs und Vizepräsidenten des schwedischen Roten Kreuzes, Kontakte zu den Westalliierten herzustellen. Himmlers Ziel war ein Sonderfrieden mit den drei Westmächten, um so gestärkt gegen die Sowjetunion vorgehen zu können. Ein Hirngespinst.

Nach der großen Offensive der sowjetischen Armee Mitte Januar übertrug Hitler am 23. Januar die Kommandantur der „Heeresgruppe Weichsel" an Himmler. Nach dieser Berufung musste der Reichsführer SS das sichere Zug-Tunnel-System der Schwarzwaldbahn verlassen. Die Anzahl der erfolgten Tunnelfahrten blieb ein gut gehütetes, jedoch nicht besonders wichtiges Geheimnis.

Am 30. Januar legte das Oberkommando der Wehrmacht „Ortsteilstützpunkte" fest, die mit allen verfügbaren Mitteln und Kräften verteidigt und gehalten werden sollten. Hitler räumte ein, dass „vielleicht die Trümmer einer Verteidigungsstellung oder Stadt vom Feind erstürmt werden könnten." Sie dürften jedoch niemals kampflos geräumt oder übergeben werden.

Die Städte Freiburg, Donaueschingen, Furtwangen, Neustadt, Rottweil, Schwenningen, Villingen und Waldkirch hatten den Status eines „Ortsteilstützpunktes". Anfang April erschien in der Freiburger Zeitung „Die Alemannen" der letzte Erlass des Reichsführers SS.

Ende April enthob Hitler den zweitmächtigsten Mann des NS-Staates aller Ämter und stieß ihn aus der NSDAP aus. Hitler bestimmte zu seinem eigenen Nachfolger Großadmiral Dönitz. Als sich Himmler diesem zuwandte, zeigte der Hitler-Nachfolger ihm die kalte Schulter.

Ein klarer Befehl: Halten

Städte liegen an wichtigen Verkehrsknotenpunkten. Sie müssen daher bis zum Äußersten verteidigt und gehalten werden, ohne jede Rücksicht auf Versprechungen oder Drohungen, die durch Parlamentäre oder feindliche Rundfunksendungen überbracht werden. Für die Befolgung dieses Befehls sind die in jeder Stadt ernannten Kampfkommandanten persönlich verantwortlich. Handeln sie dieser soldatischen Pflicht und Aufgabe zuwider, so werden sie, wie alle zivilen Amtspersonen, die den Kampfkommandanten von dieser Pflicht abspenstig zu machen versuchen oder ihn gar bei der Erfüllung seiner Aufgabe behindern, zum Tode verurteilt.

Der Chef des
Oberkommandos der Wehrmacht
gez. Keitel

Der Reichsführer SS
gez. Himmler

Der Leiter der Parteikanzlei
gez. Bormann

Wenig später, am 23. Mai, biss in der schönen Stadt Lüneburg ein deutscher Kriegsgefangener namens Heinrich Hitzinger, Feldwebel der Geheimen Feldpolizei, auf eine Zyankali-Kapsel. Die englische Armee hatte den Reichsführer SS und Chef der Deutschen Polizei enttarnt. Die rettende römische Rattenlinie blieb ihm versagt.

Vergnügtes Auschwitz-Personal

In Washington hat das Holocaust-Museum ein neu entdecktes Fotoalbum mit privaten Aufnahmen des Auschwitz-Personals der Öffentlichkeit vorgestellt. Das Museum erhielt die Fotos von einem pensionierten Geheimdienstoffizier der US-Armee. Sie wurden zwischen Mai und Dezember 1944 aufgenommen und zeigen Offiziere und Wachleute des Konzentrationslagers.

„Auf den Fotos ist nichts Schreckliches zu sehen", sagte die Leiterin des Museums. „Und genau das macht sie so furchtbar." Hannah Arendt prägte des Begriff von der „Banalität des Bösen". Ein Großteil der Aufnahmen entstand in Solahütte, einer von der SS auf einer bewaldeten Berganhöhe unterhaltenen Hütte mit Sonnenterasse und Liegestühlen. Das Album gehörte Karl Höcker, dem Adjutanten des letzten Lagerkommandanten. Für seine persönlichen Erinnerungen fotografierte er bei einem Ausflug mit einem Akkordeonspieler SS-Leute, darunter Lagerarzt Josef Mengele.

Von Himmler zu Hanke

Als die Rote Armee am 19. Januar die schlesische Grenze überschritt, löste dies eine massenhafte, schreckliche Fluchtbewegung aus. Noch Tage zuvor tönte die Propaganda, der Feind werde zurückgeschlagen. Am 21. Januar wurde Breslau von NS-Gauleiter Hanke offiziell zur Festung erklärt. Mehrere zehntausende Zivilisten mussten Breslau sofort verlassen. Da es zu wenige Züge für den Abtransport gab, spielten sich auf dem Bahnhof entsetzliche Szenen ab. Hunderte Menschen wurden zu Tode getrampelt. Doch Hanke ging die Räumung nicht schnell genug. Auf dem „Todesmarsch von Breslau" starben Frauen, Kinder und alte Menschen in Eis und Schnee. 45.000 Mann, zusammengewürfelt aus Ersatzkompanien und Volkssturm, sollten die Metropole „bis zum letzten Mann" verteidigen. Hanke verfolgte den aberwitzigen Plan, mitten in der Stadt einen Flugplatz anzulegen. Sklavenarbeit unter sowjetischem Beschuss. Tausende Menschen kamen dabei ums Leben. Nur eine Maschine ist aufgestiegen. Mit ihr floh der Gauleiter Hanke. Kapitulationswilligen drohte er zuvor mit der Todesstrafe.

Im „Leviathan", Arno Schmidts erstem Buch, beschreibt der Autor die Szenerie in Breslau aus eigenem Erleben. „Ich dachte an die irrsinnigen Hetzplakate des Gauleiters Hanke in Breslau, wie er mit der schnalzenden Eloquenz des Wahnsinns die Staatsjugend aufrief, Schnee in die Flüsse und Bäche zu schaufeln, dass sie aufschwellen und die Feinde festhalten (wörtlich! So habe ich es selbst am 8.2.45 im Schaufenster des Kaufmanns Schneider, Am Graben, in Greiffenberg, gelesen!) Schuppig wogendes Geström, wurmhaft empört. Wie er von den abgelebten Alten forderte, sich nachts mit Bränden in die vom Feind besetzten Ortschaften zu schleichen, Flammen schleudernd, mit der hohnvollen Logik, sterben müsst ihr doch bald, also gebt den Rest eurer Tage dem Führer! Ich bin fest überzeugt, dass sie aus johlendem Irrwitz und kreischender Vernichtungsgier (und die Lust des Herostrates nicht vergessen!) Deutschland bis zur letzten Hundehütte in Lohe und Trümmern aufgehen lassen."

Am Denkmal von Friedrich Wilhelm III ließ Hanke am Morgen des 28. Januars den zweiten Bürgermeister von Breslau, Dr. Wolfgang Spielhagen, erschießen. Die Hinrichtung musste von Volkssturmsoldaten vollzogen werden. Anschließend wurde der Leichnam auf einem offenen Wagen zur Oder gebracht und in den Fluss geworfen. Dazu Hanke: „Wer den Tod in Ehren fürchtet, stirbt in Schande." Offizieller Grund für die Hinrichtung war die angeblich vorbereitete Flucht von Spielhagen und seiner Familie. Dem verbrecherischen Mordbefehl waren jahrelange Zerwürfnisse vorausgegangen.

Karl Hanke, Gauleiter Schlesiens, wurde 1903 als Sohn eines Lokomotivführers geboren. Zunächst Gewerbelehrer, trat er 1928 in die NSDAP und 1934 in die SS ein. Bereits im März 1933 wurde er perönlicher Referent und Sekretär von Goebbels im Reichsministerium für Aufklärung und Propaganda. Goebbels 1935: „Von der treuen Garde... nur nicht übermäßig klug." 1941 wurde Karl Hanke Gauleiter von Niederschlesien. In Hitlers Testament vom 29. April hieß es: „Ich stoße vor meinem Tode den früheren Reichsführer-SS und Reichsführer des Inneren, Heinrich Himmler, aus der Partei sowie allen Staatsämtern aus. Ich ernenne an seiner Stelle den Gauleiter Karl Hanke zum Reichsführer-SS und Chef der deutschen Polizei."

In der Festung Breslau befand sich, gut versteckt, ein Fieseler Storch. Mit ihm sollte General Niehoff im Falle einer Kapitulation ins Führerhauptquartier geflogen werden. Das hatte Niehoff nicht vor. Er ging mit seinen Soldaten in russische Gefangenschaft. Als Hanke von Übergabeverhandlungen erfuhr, wollte er Niehoff verhaften lassen. Dieser konterte: „Wenn hier jemand verhaftet, Gauleiter, dann bin ich das wohl." Verblüfft nahm Hanke seine Drohung zurück und fragte, was er nun tun sollte. General Niehoff gab ihm den Rat, freiwillig aus dem Leben zu scheiden. Hanke: „Das kann ich nicht. Ich bin noch so jung, ich muss leben." Als die deutschen Truppen am 8. Mai in Breslau kapitulierten, flieht Hanke mit dem Fieseler Storch, dem einzigen Flugzeug in Breslau, nach Hirschberg. Zusammen mit einer Gruppe der SS-Division Horst Wessel wird er von russischen Soldaten gestellt, kann aber entkommen. Am folgenden Tag wird Hanke in der Uniform eines SS-Offiziers ohne Rangabzeichen von tschechischen Partisanen gefangengenommen und mehrere Wochen völlig unerkannt inhaftiert. Laut Augenzeugen versuchte Hanke im Juni 45 in der Nähe von Neudorf (Nove Sedlo) aus einem Transport von etwa 60 deutschen Gefangenen zu entkommen. Die Gefangenen mussten auf dem Bahndamm Richtung Malheuern gehen, während die Wachmannschaften den Fußweg benutzten. Als sich ein Zug näherte, sprang Hanke über die Schienen. Andere folgten. Die Flucht scheiterte. Die Wachmannschaften feuerten sofort und trafen Hanke und weitere Gefangene vor einem Bachlauf. Dort kamen sie zu Tode.

Die Front rückt näher

Freiburg stellte am 15. April 1945 den gesamten Straßenbahnbetrieb ein. Am 12. April hatten französische Verbände Baden-Baden, am 15. April Kehl eingenommen. Auch Offenburg ging am 15. verloren, Lahr am 18. April. Für die Verteidigung Freiburgs standen keine regulären Heereseinheiten mehr zur Verfügung. Ein Freiburger Volkssturmmann beschrieb die Situation so: „Ich war mir bewusst, dass dies alles mit einer richtigen Kriegsführung nichts mehr zu tun hatte. Die Einheit sollte auf eigene Faust Krieg führen. Von Militär weit und breit keine Spur.“ Zu einer starken Verteidigung Freiburgs kam es nicht. Teile des Volkssturms lösten sich am 20. April auf. Zu diesem Zeitpunkt erreichten französische Verbände Freiburg im Breisgau. Das Bild zeigt die Fahrt eines französischen Militärkonvois durch das Martinstor. Schnell stießen die französischen Truppen in den nächsten Tagen durch die Schwarzwald-täler in östlicher Richtung vor.

Löffingens Stadtpatron Demetrius

Am 25. April erfolgte der siebte und letzte Luftangriff. Am Vormittag des besagten Tages standen französische Streitkräfte bereits in Rötenbach, vier Kilometer vor Löffingen. Viele Einwohner hatten dort vernünftigerweise ihre Bettwäsche zweckentfremdend eingesetzt. In Löffingen war weit und breit keine weiße Fahne zu sehen. An Fahnenstangen war kein Mangel. Waren noch Soldaten im Ort? Vielleicht SS? Durch das Fernrohr sah man die angriffsbereiten französischen Panzer am Rötenbacher Höhenhaus stehen.

Die Situation: Heute oder morgen würden die Franzosen das Städtchen einnehmen. Kampflos oder umkämpft? Die Angst und Spannung wuchs von Stunde zu Stunde. Ich stand gerade in der Küche von Anna, als ein auch mir bekannter Mann aufgeregt in den Raum stürzte und um persönlichen Rat nachsuchte. Von Parteigenossin zu Parteigenosse. Neugierig blieb ich wie angewurzelt stehen. Anna schien das nicht zu stören. Ein winziges Mantelzipfelchen der Weltgeschichte flatterte durch den nach Hühnersuppe riechenden Küchenraum. Zum erstenmal wurde ich Zeuge einer realen emotionalen Überwältigung. Nur in der Ufa-Wochenschau hatte ich Ähnliches erlebt. Der lautstarken, durch Fäusterecken verstärkten Siegeszuversicht der beiden Akteure war eine, wie ich fand, leise Furcht beigemischt. Des Bahnbeamten B. Sorge galt der nicht völlig auszuschließenden Entwicklung in der nahen Zukunft. Was soll ich sagen, wenn die Franzosen nach meiner Parteizugehörigkeit fragen? In Amerika, England und Frankreich gibt es doch auch Parteien. Darf ich als Deutscher nicht auch in einer Partei sein? Annas Rat schien wenig tröstlich und aufmunternd. Ein nervöser, kleiner Parteigenosse verließ eilig Anastasias Häuschen.

Gegen 15 Uhr griff ein Jagdbomber die Innenstadt an. Eine Staubwolke verdunkelte den Ort. Stadtpatron Demetrius war das Bombenopfer. Der Märtyrer hielt sich wacker. Nur mit einer verbogenen Speerspitze, sonst unversehrt, wurde er im Bittenbach aufgefunden. Eine Legendenbildung schien möglich, da sonst niemand zu Schaden kam. Mehr konnte man von einem Stadtpatron nicht erwarten. Dabei hatte Demetrius in Löffingen nie einen leichten Stand. Aus Rom expediert, sah er sich bald wachsender Konkurrenz ausgesetzt. 1760 vermerkte ein Pfarrer: „Die Opfer sind geringer geworden, da Andacht und Glaube stetig abnehmen. Dazu sind in der Nachbarschaft ebenfalls heilige Leiber in Rom beschafft und aufgestellt worden."

Gegen 16 Uhr fuhren die ersten französischen Panzer durch den Ort. Eine lokale Parteigröße hatte sich doch noch aufgemacht, eine weiße Fahne zu basteln und sichtbar werden zu lassen. Bis heute ist allerdings umstritten, ob sie auf der Kirche oder auf dem Rathaus gehisst wurde. Der Einmarsch der Franzosen war mit keinen großen Opfern verbunden. Anna verlor zwei oder drei Hühner durch gezielten Abschuss, Dietlinde bekam dafür eine lang andauernde Vogelphobie.

Jesse Owens und Luz Long

Der deutsche Weitspringer Luz Long und sein amerikanischer Konkurrent Jesse Owens freundlich verbunden bei den olympischen Spielen 1936 in Berlin

Mit dem Eintreffen französischer Verbände endete für mich der Krieg. Drei Tage nach ihrem Einmarsch zogen wir wieder ins Maienländer Tor. Glücksgefühl trotz zerstörtem Umfeld. Jeden Morgen sah ich von meinem Logenplatz im Tor die Fahnenhissung vor dem Rathaus. Ein das Ritual begleitendes, lautes Trommelgeschmetter nahmen meine Ohren mit Wohlgefallen auf, mussten sie doch nicht mehr das Gebrüll von Flugzeugmotoren registrieren. Die Sichtbegleitung der am Fahnenmast langsam aufsteigenden Trikolore war an jedem Tag ein freudiges Erlebnis und löste das bange Absuchen des Himmels nach todbringenden Flugmaschinen ab.

Eine völlig neue Welt tat sich auf. Von eindringlichen Mahnungen begleitet, übergab mir Großmutter zwei großformatige Bücher. „Pass gut auf, sie gehören Franz. Wenn er zurückkommt, dürfen sie nicht versaut sein." Die Olympiabände von Los Angeles 1932 und Berlin 1936 informierten mich erstmals von der Existenz olympischer Spiele. Unglaublich: Vor neun Jahren kamen also in Berlin Menschen aus der ganzen Welt zusammen, um sich zu einem friedlichen, sportlichen Wettbewerb zu treffen. Ein mich besonders anrührendes Bild zeigte den deutschen Weitspringer Luz Long zusammen mit dem farbigen amerikanischen Wundersprinter und Weltklasseathleten Jesse Owens.

Am Rande der Weitsprunggrube lagen die beiden Athleten freundlich lachend und fachsimpelnd im Gras. Luz Long, der Silbermedaillengewinner, starb als Soldat auf Sizilien. Für mich war klar, Krieg darf es nie wieder geben.

Wie alle deutschen Athleten, die 1936 in die deutsche Olympiamannschaft berufen wurden, stand auch der Weitspringer Luz Long unter dem Druck, die irrsinnige Theorie von der Überlegenheit der arischen Rasse durch einen Wettkampfsieg zu bestätigen. Carl Ludwig „Luz" Long hatte den Auftrag, dem farbigen US-Athleten die prognostizierte Goldmedaille zu entreißen. Owens hatte bereits zweimal den Absprungbalken nicht getroffen. Vor dem letzten Versuch gab Luz Long dem Amerikaner einen Tip. Er legte sein Handtuch als Orientierungsmarke neben den Absprungbalken. Owens gewinnt olympisches Gold. Das Fairplay seines neuen Freundes hat er nie vergessen. „Selbst wenn man alle meine Medaillen und Pokale einschmelzen würde, könnten sie nicht die 24-Karat-Freundschaft, die ich in diesem Moment für Luz Long empfand, kein bisschen goldener machen. Hitler muss wahnsinnig geworden sein, als wir uns umarmten."

Mitteilung über Bande

Am 6. Dezember 1948 schickte ein ehemaliger Soldat aus Ehingen/Donau einen Brief nach Schwenningen/Neckar.

Lieber Daschner!

Für Deinen Brief danke ich herzlich. Es freut mich, dass Du auch daheim bist. Wollte schon immer an das Einwohnermeldeamt Schwenningen schreiben und nach Dir und Duffner fragen. Duffner und alle, die zum Schluss zusammen waren, schrieben uns gegenseitig die Anschriften auf, doch wurden in Gefangenschaft alle schriftlichen Sachen abgenommen. Das Schicksal Duffners ist mir und denen, die ich bis heute sprach, unbekannt. Von dem Tag an, an dem ich den Stützpunkt mit Cyran verlassen mußte, weiss ich nichts mehr von ihm. Es war so: Am 15. Januar verließen wir Kutno, kamen nach Litzmannstadt, von da an nach Tschenstochau und von da nach Lazy. Wir waren zwei Kundos, dabei Duffner, Schmid, Beil und ich. Dann brach die Front zusammen. Wir mussten am 21. Januar um 3 Uhr früh in Richtung Posen zurück. In Posen wurden wir eingesetzt, kamen ins Fort Tiefenbach und von da an wurden wir, 21 Mann unserer Kompanie, mit aufgefangenen Leuten aufgeteilt. Duffner, Beil, Cyran und ich kamen zur Kampfgruppe Schienkopf, mit Stellungen außerhalb des Forts. Die Forts um Posen waren mit SS besetzt. Für uns war die Sache aussichtslos. Wir bezogen den Graben, der zur Not angelegt war und hatten eine halbzerschossene Hütte als Unterstand. Am zweiten Tag gab es schon vier Verwundete. Wir wurden aufgefrischt, bekamen Maschinengewehre und Panzerfäuste. Duffner und ich waren dann meistens zusammen. Letztes Beisammensein mit Duffner. Wir hatten den Graben besetzt. Duffner hatte ein MG, ich das zweite. Cyran bekam Herzkrämpfe, ich selbst konnte kaum noch Luft bekommen. Leutnant Lange schickte Cyran mit mir ins Fort Tiefenbach, ich sollte zurückkommen. Bevor ich mit Cyran ging, rief ich „Duffner, was machst du?“ Er sagte, er spüre seine Füße nicht mehr. Ich sagte „Geh mit uns, du hast sie erfroren.“ Er blieb aber im Graben. Was sich dann abgespielt hat, konnte ich nicht erfahren. Cyran und ich blieben im Fort. In Kühndorf traf ich Leutnant Lange aus Endingen. Er war verwundet, wusste aber nichts über Duffner. Den Tag vorher hatte ich mit Duffner eine ganze Nacht und den halben Tag auf freiem Feld im Schnee gelegen, die Schuhe und alles war durchnässt. Auch ich hatte die Zehen leicht erfroren. Ich befürchte, dass Duffner die Füße erfroren hat. Lieber Daschner, um Duffner könnte ich weinen. Wo mag er geblieben sein?

Es grüßt Dich herzlich Dein R. Lauermann

Schwaben des Transport-Sicherungs-Batallions 518

...Am 6. September 1945 wurden zwölf französische Soldaten eines Sprengkommandos, das im Gemeindewald Munition der deutschen Lager sammeln und unschädlich machen sollte, aus Unvorsichtigkeit getötet und mehrere verwundet. Darob nun neue Unruhe, da ein französischer Offizier von deutscher Sabotage sprach. Dies konnte aber glücklicherweise widerlegt werden.

CHRONIK VON LÖFFINGEN

Französische Totenehrung unter dem Preußenadler

Am 6. September 45, einem sonnigen Herbsttag, schreckte um die Mittagszeit ein dumpfes Donnergrollen das Städtchen auf. Über dem zwei bis drei Kilometer entfernten Gemeindewald, Richtung Munitionslager, stand ein riesiger Rauchpilz. Dort hatten französische Soldaten den Auftrag, das Munitionslager der deutschen Wehrmacht aufzulösen. Eine gewaltige Explosion tötete bei diesem Unterfangen vier Monate nach Kriegsende zwölf junge Franzosen. „Der Krieg hat einen langen Arm. Noch lange nachdem er vorbei ist, holt er sich seine Opfer" schrieb Martin Kessel in seinem 1932 erschienenen Roman „Herrn Brechers Fiasko." Ich machte die Erfahrung erstmals.

Einige Tage nach dem schrecklichen Unglück sah ich die feierliche Totenehrung vor dem Rathaus. Die Trikolore ging auf Halbmast. Ein Trompeter intonierte den Trauermarsch.

Junge französische Männer, dem Krieg mit heiler Haut entkommen, wurden Monate später doch noch Opfer deutscher Granaten.

Die Trauerfeier erfolgte unter einem Kriegerdenkmal, das an den deutsch-französischen Krieg 1870/71 erinnert.

Epilog aus dem Brigachtal

WOLFGANG DUFFNER

MEIN GROSSVATER UND DER HARTMANNSWEILER KOPF

Mein Großvater, der den Krieg für ein bedenkliches Unternehmen hielt, inszeniert von gerissenen Rüstungsindustriellen und deren Lakaien, den Politikern, überlegte eine Nacht lang, als die Franzosen im August vierzehn den Rhein zu überqueren drohten, ob es Situationen gebe, wo die Stimme der Vernunft der Pflicht nachzugeben habe. Mein Großvater entschied sich für die Stimme der Pflicht, zog über den Rhein und nahm an den Vogesenkämpfen teil, die ihm einen Orden und ein Grab auf dem Soldatenfriedhof in Sonnheim einbrachten, wo die Kreuze so niedrig sind, dass man die Namen nur in tiefgebückter Haltung lesen kann.

WOLFGANG DUFFNER

WAS EIN HUNDERTJÄHRIGER SAGT

An mir, sagt der Hundertjährige, haben Sie einen, der noch Hindenburg erlebt hat und Doktor Zeppelin und Richard Tauber und Max Schmeling und all die anderen Koryphäen des Jahrhunderts , aber was glauben Sie, wer der größte war? soll ichs Ihnen sagen? der Größte war ich und warum? ich habe sie alle überlebt, auch den Führer und den

Krieg und alle vier russischen Winter und den Hunger gleich noch dazu, und ich habe die Angst überlebt und die Alpträume und die unerwiderte Liebe (gleich mehrfach, mein Freund), und ich habe überlebt meine diversen Herren Vorgesetzten, meine vier Katzen, die Ehefrau nebst Kindern, und jetzt fragen Sie, wozu das alles gut war, und ich kann es Ihnen nicht sagen, so, und jetzt werde ich Ihnen eine Platte auflegen, die Sie vielleicht nicht kennen, und die Stimme, die Sie hören werden, ist die Stimme von Marika Rökk, hören Sie? „Eine Nacht im Mai", das war meine Lieblingsnummer, ich kann sie heute noch nachsingen, aber besser ist es, wenn Marika Rökk singt, ich habe das Lied morgens beim Rasieren gesungen, beim Marsch auf Minsk (Sie haben recht gehört), in der Gefangenschaft (lauter denn je), ich habe sie bei der Heimkehr gesungen und auf meiner Lok, ich bin nämlich Lokführer von Beruf, Diesel und E-Lok mit Verlaub und Dampflok gleich nach dem Krieg, als man mit verschlackter Kohle feuerte und ohne Signale und Zugfunk und all diese Sachen, fuhr den Südwesten auf und ab, hin und her, Karlsruhe, Offenburg, Triberg, Nußbach, St. Georgen, Villingen, Donaueschingen, Singen, Konstanz, Freiburg, Titisee, Seebrugg, Basel Badischer Bahnhof, was Sie wollen, bis sie mich aussortierten, weil mein Gehör kaputt war, und auf einmal war ich nur noch Schaffner, und jetzt bin ich Rentner und lebe vom Rest meiner Gesundheit (oh die Ärzte drohen mir mit langem Leben!), von Erinnerungen (die weniger erfreulichen nehmen überhand), von meinen Platten, von „Einer Nacht im Mai" (hören Sie?), und jetzt wollen Sie wissen, was es mit dem Lied auf sich hat, und ich werde es Ihnen sagen, weil es ja auch kein Geheimnis ist, dass es Stunden gibt, wo sich geheime Türen öffnen und die Welt in einem etwas anderen Licht erscheint, und mehr brauche ich Ihnen dazu nicht zu sagen, und jetzt wollen Sie hören, was ich von der Zukunft halte, und da kann ich nur sagen: unerreichbar.

QUELLENNACHWEIS

Karl Volk
„Gell seller B'suech" Heinrich Himmler in Triberg
„Die Ortenau" / Veröffentlichungen des
Historischen Vereins für Mittelbaden Offenburg

Alfred Andersch
Der Vater eines Mörders
Diogenes Verlag AG Zürich

Katrin Himmler
Die Brüder Himmler
S. Fischer Verlag, Frankfurt

Rolf Hosfeld
Tucholsky Ein deutsches Leben
btb Verlag Gmbh München

Renate Bökenkamp
Ein bisschen viel Rummel...
Im Schwarzwald war es Tucholsky zu laut

Michael Hepp
Kurt Tucholsky Monographie
Rowohlt Taschenbuchverlag GmbH

Michael Bärmann
„Ve wishen der fischenkarten"
Ernest Hemingways Anglerurlaub im Schwarzwald
Breisgau-Geschichtsverein Schau-ins-Land e.V.

Ernest Hemingway
Gesammelte Werke
Rowohlt Verlag GmbH, Reinbek bei Hamburg

Karl Benzing
Bombenangriffe auf Schwenningen

Klaus Scherff
Alles über die Schwarzwaldbahn
Transpress Verlag Stuttgart

Jörg Waßmer
„in Löffingen untragbar“
Der Konflikt zwischen Stadtpfarrer Guido Andris
und den Nationalsozialisten
Herausgeber der Schriften: Stadt Löffingen

Peter Scherer / Peter Schaaf
Dokumente zur Geschichte der Arbeiterbewegung
in Württemberg und Baden 1848 - 1945
Konrad Theiss Verlag Stuttgart

Ernst Klee
Das Personenlexikon zum Dritten Reich
S. Fischer Verlag GmbH, Frankfurt

Thomas Schnabel / Gerd R. Ueberschär
Endlich Frieden! Das Kriegsende in Freiburg
Schillinger Verlag GmbH, Freiburg

Rolf Böhme
Orte der Erinnerung – Wege der Versöhnung
Verlag Herder, Freiburg

Wolfgang Duffner
Der Gesang der Hähne
Klöpfer & Meyer, Tübingen

Adelheid Klaiber/
Helmut Duffner
Wacht am Rhein

Zu beziehen über:

Forstreuter creatives
Minhorstweg 12
47506 Neukirchen-Vluyn
fiete@forstreuter.info

Max Schneckenburger, der Dichter des Liedes „Die Wacht am Rhein“, geboren im schwäbischen Talheim, gestorben in Bern, wurde nur dreissig Jahre alt. Sein Werk drohte schon bald vergessen zu werden. Der Moerser Lehrer Greef entdeckte den Text Jahre später in einer süddeutschen Zeitung und übergab ihn seinem Freund, dem Krefelder Chorleiter Wilhelm, der eine neue Melodie komponierte. Anlässlich der silbernen Hochzeit des späteren Kaiser Wilhelm I. wurde das Lied 1854 auf einem Sängerfest in Düsseldorf erstmals vom Moerser Männergesangverein vorgetragen. Das Buch beleuchtet die Wirkungsweise eines populären Liedes in der deutschen Geschichte.

Helmut Duffner
FUSSBALLERN

Zu beziehen über:

Forstreuter creatives
Minhorstweg 12
47506 Neukirchen-Vluyn
fiete@forstreuter.info

Der bekannte Fußball-Moderator und Journalist Marcel Reif brachte es auf den Punkt. „Fußball ist kein Menschenrecht, aber ein Grundnahrungsmittel". Seit Jahrzehnten gilt diese Aussage weltweit. Es waren vermutlich die Chinesen, die das populäre Ballspiel vor über tausend Jahren erfanden.

Große und kleine Fußballereignisse der letzten hundert Jahre bilden den Inhalt des Buches. Der Autor rückte mit Mathias Sindelar, Robert Schlienz, Ferenc Puskas, Willi Lippens und Ewald Lienen auch Spieler ins Rampenlicht, die nicht dem üblichen Bild eines Fußballstars entsprachen.